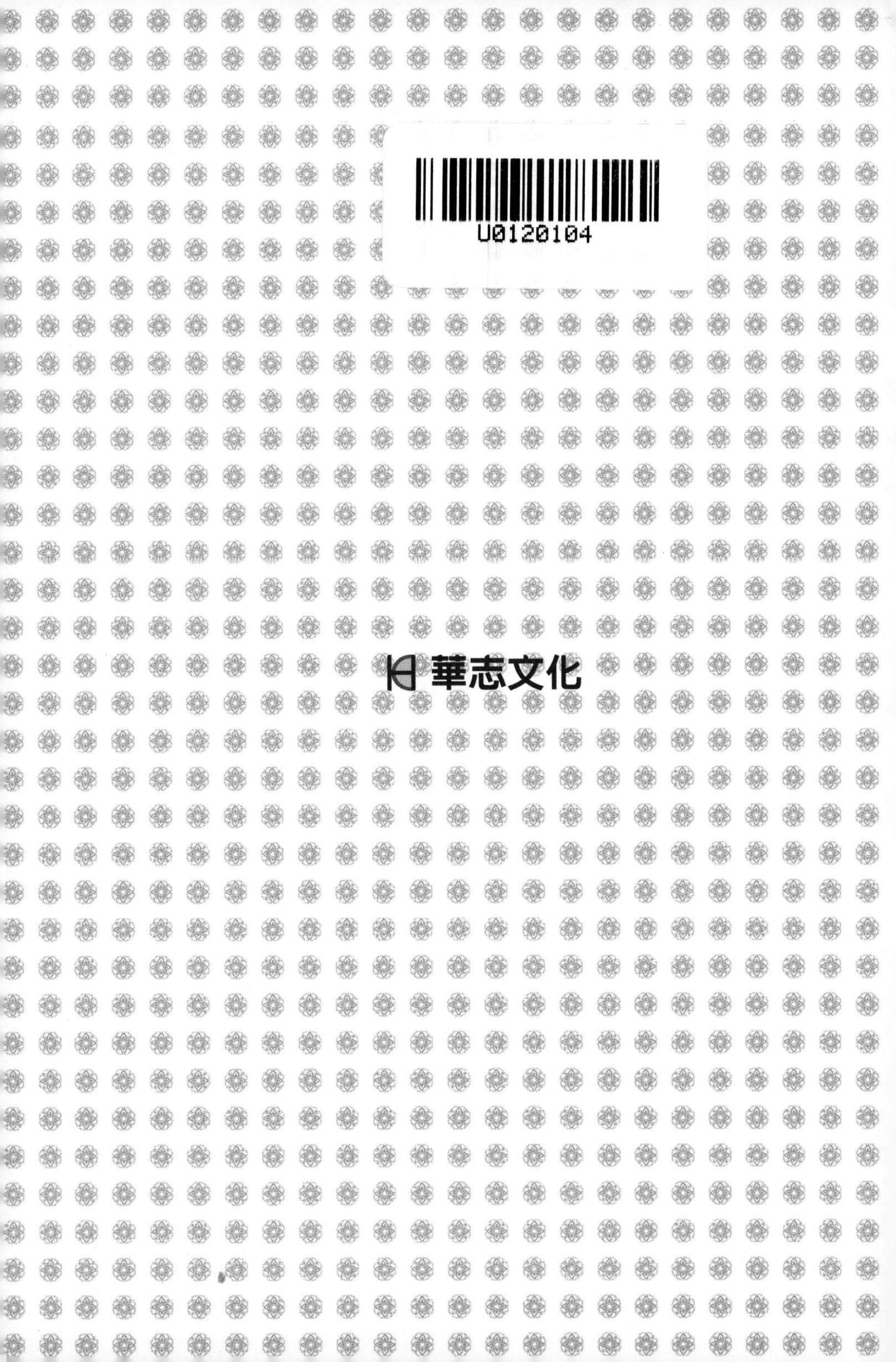
U0120104
華志文化

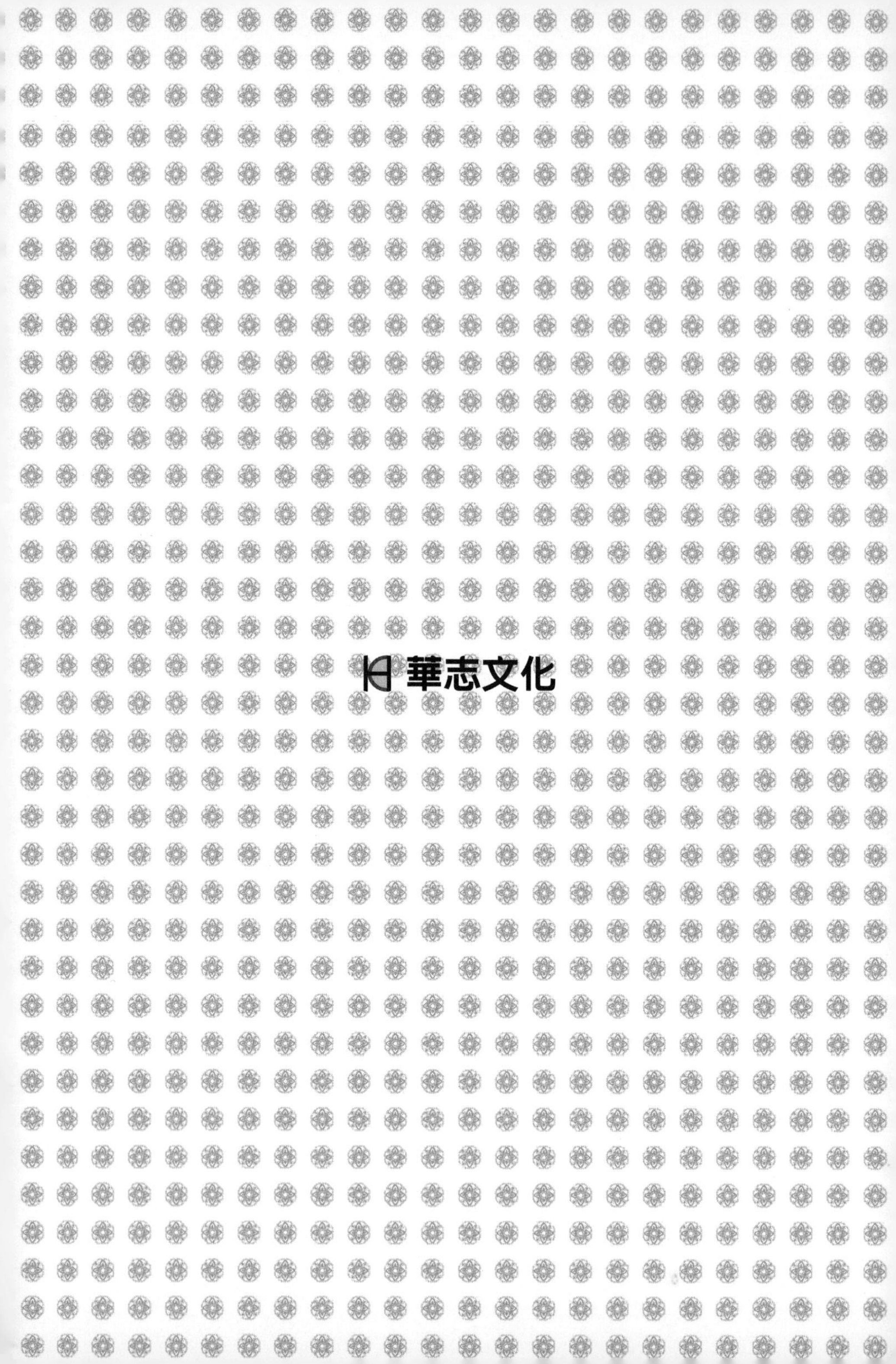
華志文化

我們都忘了，知止
也是一種智慧

自序

朱榮智

在台灣有一支賣飲料的電視廣告，有一句大家耳熟能詳的廣告詞：「你累了嗎？」好像活在今天的世界，每個人都很累，有錢的人很累，窮人也很累；聰明的人很累，笨的人也很累；漂亮的人很累，醜的人也很累。誰不累呢？其實，做人本來可以不必這麼累。

隨著科技的發達、資訊的日新月異，大家都好像得到了「時間病」，這是一九八二年美國醫師勞瑞．鐸西（Larry Dossey）所創出的名詞，意思是現代人都執著地認為「時間不斷流逝，怎麼也不夠用，你必須不斷地加快腳步，才能追趕得上。」世界經濟論壇創辦人暨主席施偉伯（Klous Schwab）也說：「我們已經從一個大吃小的世界，轉變成一個快吃慢的世界。」正當大家沉迷於快速還要更快的世界時，我們的身體健康、生活品質，已經非常嚴重的受到傷害，各種的文明疾病，如頭痛、失眠、高血壓、胃潰瘍，甚至精神躁鬱症，都是起因於生活太忙碌、太緊張、求好、求快、求效率。

工作是為了生活，現實生活中，很多人工作一百分、生活不及格，生存有尊嚴、生活有品質、生命有價值，是人生奮鬥的三項指標，優質的健康、優質的家庭與優質的生活，是人人所企盼的，忙碌（Busy）、急促（Hurry）、憂慮（Worry）是現代人的通病，面對煩苦的人生，我們應該輕鬆以對（Take easy）。

十多年來，在歐洲，尤其是義大利，已有許多團體、人士，提出「慢活」的主張，從生活上、工作上，放慢腳步，要慢食、慢動、慢療、慢性、慢工、慢閒、慢市，讓生活的步調、工作的步調，不要再那麼急促、緊張、繁忙、雜亂，而能悠遊自得，細細品味人生的美好風景。二〇〇四年加拿大籍記者作家歐諾黑（Carl Aonore）出版《慢活》（In praise of slow）一書，是訪視義大利十數個「慢市」生活的報導，很快就被翻成十多種語言、全球熱賣的暢銷書，台灣是二〇〇五年大塊文化出版公司中文譯本出版。

《慢活》一書，提供讀者許多自省的角度，什麼才是我們真正需要的生活？當然，科技已經發展到今天這個地步，我們不能也不必再回歸從前原始自然的生活，「慢活」並不是教我們牛步過生活，而只是提醒我們緩一緩、歇一歇，凡事不要太急切，人不是機器，不能整天像陀螺一樣在打轉，忙、快、多，所得到的，未必是我們需要的。

不過，在中國我們的老祖宗早就提出這樣的觀念，只是名詞不同、說法不同而已。《大學》：「知止而后有定，定而后能靜，靜而后能安，安而后能慮，慮而后能得。」這是儒家的止學之說。《老子》第三十二章：「夫亦將知止，知止所以不殆。」又第四十四章：「知足不辱，知止不殆。」這是道家的止學之說。知止是中國式慢活哲學。

知止是一門研究人生如何出處、進退、行止的學問，是研究一個人如何安身立命的學問。深諳此道，則在立身處世的各個層面，都能悠遊自在、俯仰自得，否則進退失據，動輒得咎，一定痛苦不堪。

知止的涵義，不只有停止、禁止的意思，也有居止、止境的意思。談停止、禁止，是知止的消極意義，談居止、止境，是知止的積極意義。知止的消極意義，是提醒世人不能有太多的貪念，凡事要量力而為，適可而止。《老子》第四十六章：「禍莫大於不知足，咎莫大於欲得，故知足之足，常足矣。」就是這個意思。知止的積極意義，則是強調止字不是停滯不進，而是要保持一顆清明的心，知所進退，該進則進，該退才退。知止，才能專注，專注才能看到問題的核心、事情的緩急輕重，也才能講求工作效率，事半功倍，享受成功。

知止的意涵，一方面是研究如何自制，學習自我約束，不管是在物質生活上的追求，或是人生各種欲望的滿足，都要適可而止，不可貪求不已，以免遭惹禍患。另一方面則是鼓舞上進的心，不能畫地自限。路是無限的寬廣，止於不止，苟日新，又日新，日新又新。知止是淨化心靈，提升人生境界的一門重要學問，知止這門學問，主要在探討生命的意義與價值。

人生在世，一輩子辛辛苦苦，汲汲營營，到底目的在那裡？人生有許多的誘惑，面對人生的種種誘惑，除非是修養很好的人，自制力很強，否則很難抗拒誘惑，而不陷溺於情欲的追求。研究知止，第一層的意義，是要知其所止，知道人生是有限的，求不完，就苦不完。知止的第二層意義，是要止其所止。

很多人都知道知止的重要性，可是卻不知道如何做到知止，即便知道如何做到知止，也未必能夠身體力行。如何做到止其所止呢？簡單的說，就是要學會放下。**放下不是放棄，放下是為了騰出空間接納更多有價值的東西**。人生像是兩手各已提著東西，想要拿另一樣東西，就必須先放下一樣東西，先空出一隻手。人生要懂得割捨，有捨才能有得。

人生像一趟行旅，身上背負太多、太重的行囊，如何能夠走得輕鬆、走得快樂呢？放下，是人生永不止息都在學習的精神修煉，因為人生不同的階段，都有不同的嚴峻的考驗。如果把人生比喻為一件藝術品的創作，那麼，就是要割捨掉不該留下的東西，才能留下最珍貴的部分。

我們要放下什麼呢？我們要放下恐懼、放下疑慮、放下執著、放下貪念、放下自憐、放下自大、放下自私、放下自閉、放下傲慢與偏見、放下憤怒與怨恨。**放下這麼多東西，歸結而言，就是要放下一些錯誤的想法，而不是要放棄生活**。

痛苦的產生，主要是來自不正確的思維模式，或者說是我們對付挑戰的方式不對了。人常常是自己困住自己，走出自己預設的牢籠，才能重見天日。不會飛的蜘蛛，如何能在空中結網呢？因為牠懂得繞道而行。動物園的門不關，柵欄再高都沒用，袋鼠一樣會跑出來。對任何事物緊抓著不放，對自己一點好處都沒有，該放手時就要放手。

人的一生非常短暫，人生所能擁有的財富、體力，也很有限，不可能面面俱到。人生要懂得割捨，割捨是一種智慧。放下煩瑣，是為了輕便前行。布袋和尚詩：「布袋，布袋，放下布袋，何等自在。」布袋象徵人生的包袱、人生的負擔。人生有許多的包袱、負擔，放下了包袱、負擔，當然是件很快樂的事。

我們要獲得快樂的人生，要先學習知其所止、止其所止、學習放下。學習放下，是一種精神的修煉，我們不能緊抓著痛苦不放，卻又不斷在叫苦。

中國人講放下、講割捨、講知止，其實與現代人主張「慢活」是同義的。快樂是人生第一要義，每個人都想得到快樂，可是很多人活的不快樂。快樂其實很簡單，想快樂就能快樂，只是有的人捨本逐末、捨近求遠而已。

耐心等待，時間會創造好事。

目錄

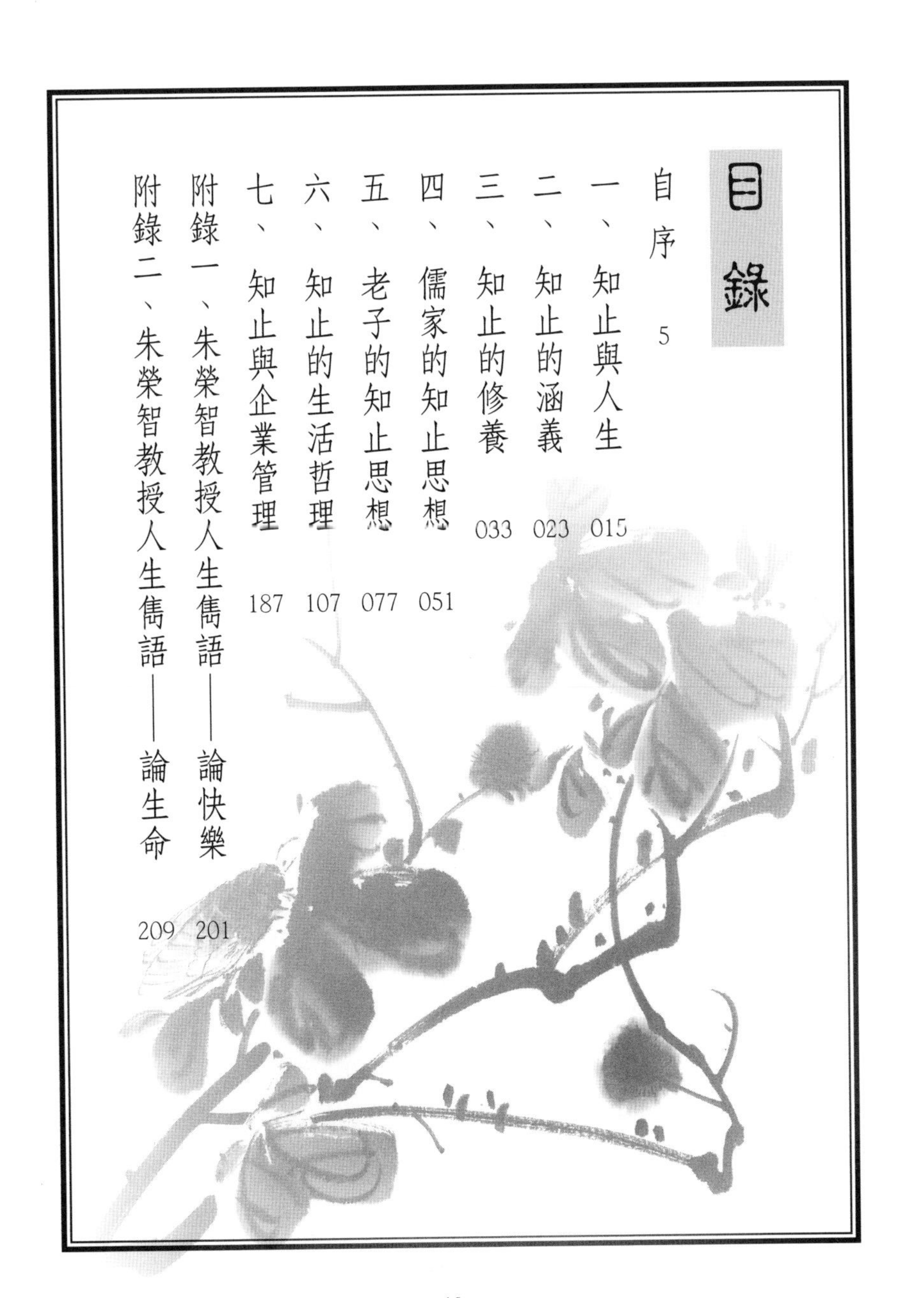

一、知止與人生

人在面對自己時，從知止的角度而言，最重要的就是一個誠字，真誠而實在，不虛假、不誇張，要能真誠的面對自己，接受自己。

一種米養百種人，有人志在高山，有人志於流水，鐘鼎山林各有天性，不可勉強。志氣遠大的人，以淑世報國為志業，要驚天地而動鬼神；志氣平淡的人，只求個人平安過日子，不愁吃穿就可以。所謂成功，是每個生命的自我完成，這個世界沒有最好的生活，只有最適合的生活，適合自己的生活就是最好的生活。

人各有命，有人天生富貴，有人天生貧賤；有人天生聰明，有人天生愚昧；人生並不是想怎麼樣就能怎麼樣，我們只能改變能改變的事，我們不能改變不能改變的事，我們只能珍惜所有，全力以赴。**人生本來就是不圓滿的，能夠接受人生的不圓滿，才能追求圓滿的人生**。金無十足，人無十全。健康的人不一定有錢，有錢的人不一定漂亮，漂亮的人不一定健康，也不一定有錢。

不過，雖然不是每個人都長的漂亮，可是每個人都可以活的很漂亮。長的漂亮是運氣，活的漂亮是能力。活的漂亮是自己的權利，也是自己的義務。身體是父母給的，名聲是自己得的，自己能過什麼樣的生活，全看自己想過什麼樣的生活。

人生像一本支票簿，支票的價值靠自己去填寫；人生像一把胡琴，有人能彈出美妙的音樂，有人只能彈出幾個單音。人生像一幅畫布，每個人都是畫家，每個人手上都握著一些畫筆，畫布上是傳世不朽的作品，或是沒有價值的塗鴉；是彩色呢？還是黑白呢？全看自己的作為。

知止是淨化心靈、提升人生境界的一門重要學問。追求幸福快樂的人生，是每一個人共同的願望，可是，並不是每一個人都過的非常幸福、非常快樂。論其原因，是因為很多人不明白什麼是真正的幸福與快樂，也不明白如何才能得到真正的幸福與快樂，甚至於背道而馳、捨本逐末，而不知道幸福與快樂，原是不假外求。

知止這門學問，主要在探討生命的意義與價值，到底人生在世，汲汲營營，辛苦一輩子，所求為何？目的在那裡？**生、成、住、滅，是宇宙不變的定律，人總會老，老總會死，但是人並不能因此而坐著等死**。生命是一種存在，存在自有意義、自有價值。

人生是有限的，我們只有有限的歲月、有限的體力、有限的財富，把有限的生命，發揮出最大的長度、寬度、高度與亮度。

人生有很多的誘惑，面對人生種種的誘惑，除非是修養很好的人，自制力很強，否則很難抗拒誘惑，而不會陷溺於情慾的追求。人為了滿足無盡的欲望，必然疲於奔命，不惜犧牲健康、生命，甚至帶給別人許多的傷害，危害社會的安寧。

追求幸福快樂的人生，是每一個人共同的願望，可是並不是每個人都過的很幸福、很快樂。論其原因，主要是因為很多人不知道幸福、快樂的真諦是什麼？以為擁有功名富貴、享受富裕豐足的物質生活，就是幸福、快樂的根源。由於科技的發展、文明的進步，現代人比起過去擁有更多的物質享受，食、衣、住、行、育、樂各方面，都有非常顯著的改善，但是物質的豐盛、安適，並不能填補人們內心的空虛無奈，而功名富貴的追求，更是有如飲鴆止渴，所謂「只要名利之心不絕，則煩惱痛苦不斷」、「名利如海水，愈飲愈渴」。

幸福、快樂，原是不假外求，孔子說：「仁遠乎哉？我欲仁，斯仁至矣！」不是每個人都長的漂亮，可是每個人都可以活的漂亮。尋找幸福、尋找快樂，不必捨近求遠，不必捨本逐末，所謂幸福與快樂，只是內心的自足，是自我價值的肯定，而不是對外物的追求，功名富貴尤其不能給人帶來真正的幸福與快樂。人從物質上得到的滿足，只是一時的、短暫的，人在口體上的追求，是永無止境的，經由不斷的刺激，而愈演愈烈，以至執迷忘返。

精神生活與物質生活，是人類生活的兩大主體，一個人的生命是否豐富，充實物質生活固然十分重要，而提升精神生活，更為重要。快樂之道，如果建立在物欲的追求，往往適得其反，本來是「求福辭禍」，結果可能卻是「求禍辭福」。陳立夫先生有一句名言：「無取於人，斯富；無求於人，斯貴；無損於人，斯壽。」可見我們一般人所謂賺大錢、做大官，並不是真正的大富大貴。

人在面對自己的時候，從知止的角度而言，最重要的就是一個誠字，真誠而實在，不虛假、不誇張。誠是統攝眾德之源，所以，誠為真、誠為正、誠為勤、誠為樸。誠是盡己之性、盡人之性、盡物之性，誠是盡性的過程。一個人如果能夠做到誠的修養，就能得性情之正。

一個人最重要的是要能真誠的面對自己，接受自己。每個人在這個世界上都是獨一無二的。一枝草，一點露，天不生無用之人，每個人都有一些優點，都有一些缺點，成功的人是能不斷增加優點而減少缺點。人生像一本空白的支票簿，支票的價值靠自己去填寫，我們雖然不夠好，但不會是最差勁的，我們不能放棄自己，放棄希望，當然，我們也不能狂妄自大，目空無人。

人在面對家人、面對社會大眾的時候，從知止的角度而言，最重要的就是一個敬字。尊重是人生的第一課，眾生平等。有人出身豪門，天生富貴；有人家境清寒，貧無立錐之地。有人天縱英才，出將入相，權傾一時；有人一介平民，胸無大志，平淡一生。有人天生麗質，面貌姣好，身材美妙；有人相貌平庸，身體多病，愁苦過日。人生百態，林林總總，不勝描述。但是，老天是很公平的，老天不會把所有的好處都給一個人，所有的壞處都給另一個人。同時，天下事一得一失，有錢有有錢的好處，有錢也有有錢的壞處；

沒錢有沒錢的壞處，沒錢也有沒錢的好處。其他諸如權力、美貌、健康……無不如此。人生有苦有樂，要善待自己，要寬待別人。

人在面對工作、學業、事業的時候，從知止的角度而言，最重要的就是一個勤字。一勤天下無難事。**古今中外所有成功者都有一個共同的人格特質，就是他們知道自己要做什麼，而能夠全力以赴**。這種全力以赴的精神，是一切事業成功的最重要因素。

做事的態度，有人是有做就好，有人是要做就要做好。前者缺少負責盡職的態度，所以敷衍隨便，凡事不經心、不用心，這種人想要成功是很難的。至於抱持全力以赴的態度，事情沒有做好，絕不輕言放棄，凡事用心、盡心，這種人不想成功也難。我有兩個堅持，一是堅持做對的事，一是堅持把對的事做更好，我有這兩個堅持，就不會做不正當的事，而且做任何事，一定盡心盡力，全力以赴。

任何一個人的成功或失敗，都不會是偶然的。只有懂得珍惜時間，勤奮工作的人，才有機會成功。整天糊里糊塗過日子，不知道自己想做什麼？該做什麼？也不盡力的人，能有什麼成就呢？

成功的人不是運氣好，而是比別人更多的努力；失敗的人不是運氣不好，而是努力不夠。勤於做事的人，好像比別人吃虧，多做了很多事，其實，吃虧就是佔便宜。因為肯做事、勤做事，所以比別人增加許多的工作經驗，也比別人增加許多成功的機會。

二、知止的涵義

「利己是生命的基調，利他是生命的價值。」所謂生命的價值，就是指我們生命對別人有價值，做個有用的人，就是有價值的人。

東漢許慎《說文解字》：「止，下基也。象艸木出有阯。」段玉裁注：「止象艸木生有阯，中象艸木初生形。止象艸過屮枝莖益大。出象艸木益茲上出達也。故以止為足。」古文止為趾，止為古文，趾為後起字。止字的本義是腳底板，引申義為停止、阻止、禁止、留止、菹止等等。

《漢書．刑法志》：「當斬左止者，笞五百。」顏師古注：「止，足也。」是用止字的本義。一般而言，提到止字，就會聯想到停止、阻止、禁止、留止、菹止等等，《易．蒙》：「山下有險，險而止。」我們說：「心如止水。」止咳、止痛，都是這個意思。《詩經．商頌玄鳥》：「邦畿千里，維民所止。」此止字，作居住解。《論語．微子》：「止子路宿。」此止字作收留解。

止字的引申義，也有指人的儀態舉止，如《詩經．大雅仰》：「淑慎爾止，不愆于儀。」鄭玄箋：「止，容止也。」也有指止境，如《大學》：「止於至善。」也有作梵文「奢摩他」之意譯，止、觀（梵語為毘婆舍那）是漢傳佛教天台宗的重要法門，即修行方法。止是止息一切妄念，觀是觀察一切真理，止屬於定，觀屬於慧，止觀就是指定、慧雙修，止息一切外境與妄念，而專注於特定對象，並生起正智慧，以觀此一現象。止如明鏡止水，觀如明鏡中水影現萬象，止與觀，實一體而不二，如一鳥之雙翼，車之兩輪。

知其所止

人生最大的問題是一個惑字，人生的禍患往往來自於一個爭字。老子說：「五色令人目盲，五音令人耳聾，五味令人口爽，馳騁畋獵令人心發狂，難得之貨，令人行妨。」今天的時代宛如一個萬花筒，五彩繽紛，形式各異。各種科技產品不斷推陳出新，令人應接不暇，各種服飾精品不斷爭奇鬥艷，令人眼花撩亂，走進各大百貨公司、大賣場，真是琳琅滿目，美不勝收。心動就會行動，走過、經過，一定不會錯過，於是大包、小包，滿載而歸。

再者，在人生的旅途，充滿各種的誘惑，如果沉不住氣，就會迷失、墮落，無以自拔。人要做壞事，不是天生就會的，常常是受不良環境、不良朋友的影響，而誤入歧途。自制是很重要的人生修養，卻也是很難做到的人生修養，因為人生最難的事，就是抗拒誘惑。

人生的困惑，也來自對生命的不能理解。到底人從哪裏來？人死後到哪裏去？人生的意義和價值，又是什麼？在歷史的長河裡，百年光陰真像白駒過隙；在浩瀚的萬物中，我們的生命也只是滄海一粟而已，不是每個人都有智慧理解生命的本質，都能當家作主，作自己生命的主人。人貴自知，生而為人，首先要知道自己有什麼、沒有什麼？要什麼、不要什麼？該要什麼、不該要什麼？想要的，不一定是需要的，需要的不一定是想要的。人生的目標，應該是如何使自己活的漂亮，也幫助別人活的漂亮。生命是個共同體，「利己是生命的基調，利他是生命的價值。」所謂生命的價值，就是指我們生命對別人有價值，做個有用的人，就是有價值的人。

淺嚐而止

爭字，甲骨文象兩人各持物之一端相爭之形。兩人持物各不相讓是爭，一人持物被另一人所奪是奪，不管是爭或是奪，一定有是非、有輸贏。爭是沒有好處的，你爭我奪，結果一定是兩敗俱傷。老子告誡我們，無論是個人的修身，或是治國、平天下，都應該謙讓不爭，守柔處下，因為剛強易摧。《老子》第七十六章：「人之生也柔弱，其死也堅強；萬物草木之生也柔脆，其死也枯槁。故堅強者死之徒，柔弱者生之徒。」

人生都有一些不圓滿，一得一失，實在沒有什麼好算計。《老子》七十七章：「天之道，其猶張弓與！高者抑之，下者舉之；有餘者損之，不足者補之。」損有餘而補不足，這是天道。物戒太盛、太滿，「謙受益，滿招損。」名利是追求不完的，有錢的人希望更有錢，做官的人希望做更大的官。錢要多少才夠？不滿足的人永遠不夠。

只要是人就有欲望，欲望是生命的動力。我們對欲望的追求，都是充滿新鮮和好奇，這些欲望的追求，尤其是口腹之欲，或是其他各種物質上的滿足，都是不斷的刺激，而且愈演愈烈，人如果不能知止、知足，就會成了物欲的奴隸。人要役物而不役於物，人成了物欲地奴役，就非常可憐了。

「居無求安，人無求能。」古人為了怕耽誤於逸樂而不圖上進，而有自惕自勉的話。

老子說：「少私寡欲」，孟子說：「養心莫善於寡欲。」生而為人，欲望是不能斷絕的，只能減少、降低而已。所以，對各種欲望的追求，「淺嚐而止」，不要沉迷其中而不能自拔。

適可而止

「禍莫大於不知足，咎莫大於欲得。」**人生的痛苦，主要是因為私心太**

重，欲望太多。「吾所以有大患者，為吾有身。」（《老子》第十三章）一個人能夠泯滅「我」的貪念，把私心消除淨盡，才可以解除人生的痛苦。知其所止，主要強調人生要有智慧，要知道自己的優勢和劣勢，要知道自己人生的極限，不要不自量力，自討苦吃，不要執迷不悟，愈陷愈深。人生是有限的，我們只有有限的歲月、有限的體力、有限的智慧、有限的財富。知止，就是要知道人生的極限，人不能妄自菲薄，人也不能貪得無饜。

凡事偏了都不好，過猶不及。以飲食為例，沒有水、沒有食物，會渴死、會餓死，可是喝太多、吃太多，對身體的健康是有害而無益。人在情緒上的表現，以及人生理想的追求，也是如此。《中庸》：「喜、怒、哀、樂之未發，謂之中；發而皆中節，謂之和。中也者，天下之大本也；和也者，天下之達道也。致中和，天地位焉，萬物育焉。」達到中正和平的境界，才能使天地安居正位，萬物順遂生長。

唯止不殆

《老子》第三十二章：「知止，所以不殆。」老子說：「知道止於所應止的地步，就不會有危險的事。」一生而為人，與生俱有七情、六欲，面對人生的種種誘惑，除非是很有修養的人，自制力很強，否則實在很難忍得住情性，不會陷溺於情欲的追求。許多人因為欲望太多，嗜欲太深，為了滿足無盡的欲望，必然是疲於奔命，而且不惜犧牲自己的健康、幸福，甚至別人的健康、幸福，給自己和別人帶來巨大的、悲慘的禍害。

一個人過分貪名愛利，盲目去追逐求取，往往是未得其名，先得其辱；未獲其利，先受其害。再者，禍福是相倚相伏，即使勉強求得功名富貴，也因為一得一失，得失互見，而犧牲許多珍貴的情緣、福分，以及自己的健康和生命。

人為自己所喜愛的，不管是名或利，求的愈多，失的也愈多；珍藏的寶貝愈多，亡失的東西也是相對的增加，所以《老子》第四十四章：「甚愛必大費，多藏必厚亡。知足不辱，知止不殆。」物忌太滿，滿則溢。《老子》第二十二章：「曲則全，枉則直，窪則盈，敝則新，少則得，多則惑。」又第七十七章：「天之道，其猶張弓與？高者抑之，下者舉之，有餘者損之，不足者補之。」我們應該引以為戒。

在這個變亂的時代裡，在這個充斥的各種聲色犬馬誘惑的社會中，我們最需要的，就是學習老子所主張的虛靜的工夫，不急進，不躁動，以穩健堅實的腳步，朝向正確的目標邁進；另一方面，而對各種物質情欲的誘惑，我們要懂得節制，知止知足，少私寡欲，過簡單、樸實、自然的生活。幸福、快樂的生活是人人所企盼的，但是很多人誤解幸福、快樂的真諦，以為滿足物質的需求，就是幸福、快樂，而不知道真正的幸福、快樂，不是來自物質生活的滿足，而是精神生活的 怡然自得、逍遙自在。

三、知止的修養

古人談修養，有所謂定、靜、安、慮、得的工夫，定字放在首位。定，並不是不動，而是不妄動，要動靜得宜。

止是息、停的意思，止就是要專一、專注，把散亂的心收攝起來。知止的要訣，就是收攝身心，專心一致，止欲、止惑。知止是修養心志，消除煩惱。堅定志向，才能夠鎮靜不躁，鎮靜不躁，才能夠心安理得。有些想要的東西，其實不需要；有些需要的東西，其實不想要；我們真正的需要是什麼呢？這就是知其所止的重要性。

佛家講求三寶，戒、定、慧，心地沒有邪念就是本性的戒，心地不亂就是本性的定，心地無癡就是本性的慧。一般人定性不足，往往只見其利，不見其弊，先享受再說，而沒有考慮是否有不良後果。大吃大喝而傷了腸胃，瘋狂玩樂而損及健康，貪贓枉法而危害性命，多少不幸的事，常是一時的糊塗，忍不住誘惑的結果。

古人談修養，有所謂定、靜、安、慮、得的工夫，定字放在第一位。心有定向，心不妄動，心才能平靜下來，心能平靜下來，才能冷靜平允的思考，才能對事理有客觀公正的看法，才不會有偏頗不當的錯誤決定。定，並不是不動，而是不妄動，要動靜得宜。人的生命是活活潑潑的，有無限開展的生機。講求定字的修養，並不是教人萬念俱滅，毫無生意，而是在飄渺的人生大海中，能夠確定努力的方向，心無旁騖，不受各種不當誘惑的影響。一個人希望事業有成，每一個理想都能實現，必須要有很堅定的信心與毅力，不為威脅，不受利誘。

花花綠綠的世界，五彩繽紛，美不勝收。但是，弱水三千，但取一瓢；天下的俊男美女很多，我們只能擇一而娶，擇一而嫁；滿街的大廈、轎車、美食、華服，數不勝數，我們所能擁有、享有的，都很有限。我們應該要有定見，知道要什麼、不要什麼？知道該要什麼、不該要什麼？量力而為，才能勝任愉快。貪婪無厭，徒生煩惱痛苦。

止是定，觀是慧，一切善法，都是從定、慧而生。止是將我們的煩惱降伏，使它不亂動；觀是斷滅困惑，使心識清明。止是把心停放在智慧之中，而不是停放在妄念、邪念、惡念之中，智慧通達，契合真如，就能殲滅三千煩惱。佛家講正知、正念、正信，止就是收攝身心，專注一處。

止字的要訣，要在寂靜中體會。靜有安靜、寧靜的意思。水靜則明，思靜才能直探本心。宇宙的現象是變動不羈的，動中有靜，靜中有動。不管外界是如何的紛擾不安，最重要的，我們的內心要保持安靜祥和，以靜觀變，以靜制動，才能動靜得宜。

平靜的水面，能夠清楚的映照人的形影；在安靜的生活中，我們才能怡然自得，自適自足。現代的社會非常繁亂，有些人因為工作過分的勞累忙碌，性情變得粗暴急躁，常常與人發生爭執，甚至釀出嚴重的傷害。為了培養一個安和樂利的社會，溫馨甜蜜的家庭，人人都要有一顆寧靜的心靈。如何追求一顆寧靜的心靈呢？就是心要能安定下來，心要能知其所止，止其所止。

知止是一門攸關修身、齊家、治國、平天下的大學問。國家、國家，國之本在家，而「自天子以至於庶人，壹是以修身為本。」修身的道理，最重要的要能知其所止，止其所止。靜不是不動，靜是動的另一種方式，知止也不只講究停止、禁止，其積極面也在指追求的止境，如「止於至善」這句話，就是指人生要以至善為止境。

「知止而后有定」，人生有正確的目標，行為才不會茫然失措，甚至誤入歧途。所以，知其所止，才可以釋惑、無惑，才不會迷失努力的方向。人生是不圓滿的，能夠體認人生的不圓滿，才能追求圓滿的人生。

人生的痛苦，往往因為私心太重，欲望太多，而且爭強好勝。知其所止，強調人生要有智慧，要知道自己能做什麼？不能做什麼？自己該做什麼？不該做什麼？人不必妄自菲薄，也不能狂妄自大，更不能貪得無厭。所以，對任何欲望的追求，要淺嚐而止，要適可而止，要知止知足，才可以遠離屈辱、禍害。

知止的功夫，不外修己與安人，也就是內聖和外王。人在面對自己時，從止字的角度言，最重要的是一個誠字，一個人最重要的是要真誠的對待自己、接受自己、成就自己、享受自己，自立才能立人，自救才能救人。沒有一個不愛自己的人而能愛別人，沒有一個委屈自己的人，而不委屈別人。人在面對家人、面對社會大眾時，從止字的角度言，最重要的是一個敬字，人在面對工作、學業、事業時，最重要的是一個勤字。

知止的修養，儒家有一套「知止而后有定，定而后能靜，靜而后能安，安而后能慮，慮而后能得」的功夫，佛家則主張一切善法，都是從定、慧而生，止是定，觀是慧，止是把心停放在智慧之中，而不是停放在妄念、邪念、惡念之中，觀是斷滅困惑，使心識清明。

總結而言，知止的功夫，對一切人的立身處世非常重要，不管是面對自己，或是面對家人、社會大眾，以及面對工作、事業、學業，在進退之間如何取捨，是要有很高的智慧。**知止的真諦，不只是當止則止，也是當進則進，否則，人早晚會死，就坐著等死好了。**

知止與修己

人生有許多的謎，每一個人從懂事開始，便有許多的問題縈繞在自己的腦海中，百思不得其解，我們不了解人從那裡來？死後到那裡去？人生的意義何在？人生的價值是什麼？而人生的最大難題，恐怕就是人常常不了解自己的個性和才能。

人貴自知。人的天生稟賦，雖有聰敏庸愚之分，但是卻無礙於個人事業的成功、生活的喜樂。人的才華，各有所偏，有的人適合學工科，有的人適合學理科，有的人適合學文科，也有人不適合在學問上求發展，卻是個商業人才，或是運動場上的健將。如果一個人不了解自己的能力，不能順著自己的興趣與能力去發展，則將痛苦一生，一事難求。相反的，如果能夠及早發現自己的才幹，了解自己適合在那一方面求發展，一開始即專心一意，虛心學習，終必能夠勝任愉快，事半功倍。

不滿足的心理，是人類文明進步的主要動力。我們的衣、食、住、行、育、樂等等方面，由於前人不斷的發明和改進，才有今天這樣非凡的成就，否則的話，恐怕今天可能還住在山洞，穿著獸皮，過著最原始的生活。對個人來說，不滿足的心理，往往也是激發上進的一股力量。不管在生活享受方面，或是工作需求方面，每一個人都希望不斷地改善，使生活愈來愈舒適，愈富足，愈安逸。

奮發向上，是正確的人生觀，但是每個人天生的稟賦不同，每一個人的性向和能力有別，同一件事情，不是人人都能做成功的。別人擁有的成就，我們不見得也有機會、條件獲得，徒然羨慕別人的成就，只是增加自己的煩惱而已。人生的意義和價值，並不只是為了成大功、立大業，功名顯赫，永垂不朽，而是自我理想的實現與提升，能夠功成名就，固然令人羨慕，快樂做自己，才是最為重要；能夠盡心盡力，勇敢負責，犧牲奉獻，服務大眾，也一樣了不起。

《大學》：「大學之道，在明明德，在親民，在止於至善。」止於至善，是非常高遠的目標，因為好是沒有極限的，在人生競技場上，一如運動場中，追求的更高、更快、更遠，更為傑出，更為卓越。不過，人各有志，每個人可以依自己的性向與能力，設定自己的人生目標。我的人生目標是生存有尊嚴、生活有品質、生命有價值，而且我有兩個堅持，一是堅持做對的事，二是堅持把對的事做更好。台灣佛光山星雲大師訓勉信眾：「心存好心，口說好話，手做好事，腳走好路。」人生有目標，行為就不會有偏差。

在德行的修養，要隨時鞭策自己，不能好逸惡勞，而不求上進。但是，也不能太過於好高騖遠，不自量力，而是要有自知之明，量力而為。**成功的因素很多，最重要的是要有定向、定力，抓住明確的目標，奮鬥不懈，一個心無定見的人，三心兩意，優柔寡斷，見異思遷，絕不會是成功的人。**

知止與待人

人生百態，林林總總，有人出身豪門，天生富貴；有人家境清寒，貧無立錐之地；有人天縱英才，出將入相，權傾一時；有人一介平民，胸無大志，平淡一生；有人天生麗質，面貌姣好，身材美妙；有人相貌平庸，身體多病，愁苦過日。我們不必羨慕、忌妒別人擁有的，也不必輕視、鄙賤別人所欠缺的。我們要平允、客觀的看待自己、看待別人。眾生平等，尊重是人生的第一堂課，沒有人可以因為沒有錢、或長相難看，而被看不起。

《孟子．滕文公》：「（舜）使契為司徒，教以人倫。父子有親，君臣有義，夫婦有別，長幼有序，朋友有信。」中國古代時對人際關係非常重視，把各種人際關係，歸結為五倫，並利用教育的方式，教導人民做人的道理，使人與人之間，能夠和睦相處，人人享受和諧快樂的生活。

人是群居的社會，個人與群體，都有或親或疏的關係，現代工商業社會，人與人之間互動，更加密切、複雜，除了五倫之外，近來也有第六倫之說，就是指群己關係。如何使各種人際關係，達到圓滿和諧關係呢？《中庸》：「知、仁、勇三者，天下之達道也。」又：「好學近乎知，力行近乎仁，知恥近乎勇。知斯三者，則知所以修身，知所以修身，則知所以治人，知所以治人，則知所以治天下國家矣。」

人生有智慧，生命就不會有無力感。俗話說：「做事難，做人更難。」其實，做人並不難，誠實為做人最佳的良策，做人最重要的是要真、要誠，即所謂「做事實實在在，做人誠誠懇懇。」其次，做人要懂得圓滿周到，不能有偏激的思想。

圓融是智者的通達，智者知道人生是不圓滿的，所以他不會苛責自己，也不會苛求別人，而能夠以一顆寬大的心，包容人生的殘缺。一個能夠接受人生不圓滿的人，才能享受圓滿的人生。圓融是對人對事通達的看法和做法，在做人處事各方面，都能夠考慮周詳，因人任事，不會求全責備。既能夠欣賞別人的優點，也能夠接納別人的缺點。

寬厚是仁者的度量。俗話說：「吃虧就是佔便宜。」為什麼呢？一方面因為有能力吃虧的人，才會吃虧；二方面吃一次虧，學一次乖，這次吃少虧，下次才不會吃大虧。因為吃虧而學得經驗，不是佔便宜嗎？何況在人與人的相處中，實在很難說誰佔誰便宜，張三佔了李四便宜，可能李四佔了王五的便宜，而王五卻佔了張三的便宜。人都是互動的，每一個人從出生到老死，都要借助於很多人的協助、照顧，每一個人不應該只是消費者，同時也要是生產者。

人生是計較不完的，天下事一得一失，人生要能捨得。寬厚得福，不只因為為善最樂，而且因為人生的事情很難說，今天我們有能力幫助別人，那天變得我們需要別人幫助了。寬厚待人，就像在銀行存款，是零存而整付，因為平常待人寬厚，樂於助人，到了自己有困難的時候，必然也會有很多援手。一個愈多付出的人，一定會有愈多的回報。

行善是勇者的志業。行善就是散播愛心，推廣愛行。愛是一份關懷、一份體貼、一份包容、一份接納。因為有愛，世界才不再黑暗，而遍地明亮。

勇者，擇善固執，堅持做對好事；勇者，義無反顧，雖千萬人吾往矣。勇者的力量，不是來自血氣的勇猛，而是來自道德的堅持。勇者的特質，是具有道德的信心與力量，只要是對的事，他都勇往直前，當仁不讓。勇者，見義勇為；勇者，為善最樂。勇者為了助人，可以犧牲自己，無怨無悔，一生以行善為志業。

孔子說：「知（智）者不惑，仁者不憂，勇者不懼。」智者灼見事理，明辨是非，故不惑；仁者宅心寬厚，善待別人，故不憂；勇者，見義勇為，當仁不讓，故不懼。一個人成為智者、仁者、勇者，當然是人生最高的理想，是人格最成熟的表現。

知止與處世

知止在處世方面的運用，非常廣泛。現在是工商企業時代，工商企業的經營，不外是管事與管人，所謂管事，指的是企業的生產和經營；所謂管人，指的是企業內部和外部的各種人際關係。管事與管人是聯繫一起的，從本質上來說，把人管好了，企業就興旺發達了。

誠懇是真情的流露。待人處世以誠懇為貴，誠懇才寬厚，誠懇才實在，誠懇才不虛偽，誠懇才不造假。一個待人處世都很誠懇的人，一定是令人敬重，令人樂於親近、交往。誠是統攝眾德之源，誠是盡性的過程，誠是人性的真情流露，誠是至真、至善、至美，誠與真、善、美同義。

生命是一種修持，我們很難自外於群體社會，今天的社會，五光十色，目不暇給，各種的刺激誘惑，紛至沓來，難以拒絕。君子有所為，有所不為，堅持對真理的執著，掌握大是大非的精神，才能撥雲見日，展現真誠實在的自然本性。

同情是生命的昇華。善用物則無廢物，善用人則無廢人。天不生無用之人，每個人都有一些長處，也都有一些短處，只是有些人長處多一點，有些人短處多一點。企業用人，當然要用其長處，不過，也要包容其短處；另外，面對生活在苦難之中的人，不管是在經濟方面，或是感情方面，或是健康方面，都需要有人安慰、鼓勵、肯定、支持。任何物質上的救助和精神上的撫慰，都會是求生者的救命繩索、救生圈。同體同悲，希望普天下的人，都能和樂安康，人生沒有苦難。

關懷是人性的光輝。人是很孤單的，即使是一個非常堅強的人，也有其柔弱的時候，沒有人自認不必仰賴別人的幫忙，就可以在工作上、生活上，都能勝任愉快。別人的掌聲，激發我們百尺竿頭，更進一步，追求更卓越的成績；別人的安慰，鼓勵我們從挫敗中，勇敢的站起來，重新再試一次。

幫助別人，不是只限於物質方面，很多時候別人需要我們的幫助，只是一句鼓勵的話，或是一句安慰的話而已。不是每個人都有錢，可是每個人都有愛；不是每個人都缺錢，但是每個人都需要愛。給人關懷，給人安慰，給人信心，給人力量，就是愛的表現。

慈悲是最大的福慧。慈是愛，悲是憫；愛是關懷，憫是同情。人生有悲有喜，有人悲多喜少，有人喜多悲少，悲喜無常。如果人生是來受苦的，也要因為我們所受的苦，而使別人不必再受同樣的苦。佛家講空觀、禪定，目的是要能放、能忘，放下人生的得失禍福，忘懷人生的悲喜無常。人生有順有逆，有得有失，有人生來享福，有人生來受罪，一個人一個命，誰也怨不了誰。只有堅持慈悲的心，才能轉悲為喜，轉苦為樂，修得人生最大的福慧。菩薩的兩大心願，一是增進人間的喜樂，二是拔除人間的痛苦。學佛的人為了拔除人間的痛苦，自己甘心替眾生承擔痛苦；為了增進人間的喜樂，情願化為塵泥灰土，為眾生引渡涅槃。

在各種人際關係中，也有長官部屬的關係，有領導階層，有被領導階層。身為領導階層的人，他的能力和地位，當然應該被肯定、尊重，但是不能因為身居要津，高高在上，就驕矜自滿，任意役使下屬。古代的帝王自稱孤、寡、不轂，因為他們知道貴以賤為根本，高以下為基礎。守柔是合順的要領，我們常常因為心太剛強，所以跌的鼻青臉腫。心柔軟了，人就可愛了。強中自有強中手，我們不要和別人比強，守柔者最強。柔弱不是懦弱，柔弱是有更大的彈性，更大的包容。老子的人生智慧告訴我們：「人之生也柔弱，其死也堅強；萬物草木之生也柔脆，其死也枯槁。故堅持者死之徒，柔弱者生之徒。」（《老子》第七十六章）

處下是為上的途徑。處下是為了為上。擔任主管的人，不必事必躬親，要能分層負責，分工合作。領導階層的人，應該注意策略的發展，計畫的擬定，是帶領公司、企業永續發展的火車頭，而不是大小事情都要參與負責，聰明的長官，只管大事，不聰明的長官，大小事情都要管。為政之道，要能體天而行。自然界所以能夠維持和諧、平衡的秩序，是因為天地對於萬物採取自由放任，無為而無不為的態度，不偏不私，而不居功。

《老子》第六十六章：「江海所以能為百谷王者，以其善下之，故能為百谷王。」是非總因強出頭。爭名利、爭得失、爭是非，都是起於私心，天地無私，所以能成其大，在上位的人，也要能夠大公無私，才不會有爭執怨尤。「謙受益，滿招損。」在上位的人以屬下的心來對待部屬，一方面可以體察部屬的辛苦，一方面表示與部屬一視同仁，上下一心。那麼，任何的行政體制，企業公司行號，必然業務興旺，所有員工都工作愉快。

四、儒家的知止修養

知止的真諦不只是禁制對欲望的追求。壞的欲望才要禁制，好的欲望則要鼓勵。道家的思想在於禁制不當的欲望，儒家的思想在於鼓勵良善的欲望，兩者都在開創，指引人生的明確方針。

儒、道是中華文化的兩大主流，儒家的修養，在表現我們對理想的追求；道家的修養，在忘掉自身的優越成就。儒家是把自然凝聚成人文，道家是把人文解脫，回歸自然。儒家的價值在付出，道家的價值在反省；儒家求善，道家求真。然而，儒家與道家都是在追求人生的完美，只是面向不同而已。

一般人談到知止，總先想到老子說的：「知止，所以不殆。」（《老子》第三十二章），以及「知足不辱，知止不殆。」（《老子》第四十四章）其實，《大學》開宗明義第一章也有「止於至善」的話。誠如上文所述，儒家的修養，旨在強調對理想的追求，所以以至善為目標，好還要更好，以追求最好為終極目的；而道家的修養，是要戒得、戒滿，要返璞歸真。在人生的修養上，一是加法，一是減法。

知止的真諦，不只是在於禁制對欲望的追求。欲望有好、有壞，壞的欲望才要禁制，好的欲望則要鼓勵。道家的思想在於禁制不當的欲望，儒家的思想在於鼓勵良善的欲望，兄弟爬山，各自努力，都是為了爬到山頂，觀賞山上的美景，儒、道的思想都在開創，指引人生的明確方針。

《大學》開宗明義第一章：「大學之道，在明明德，在親民，在止於至善。」又：「知止而后有定，定而后能靜，靜而后能安，安而后能慮，慮而后能得。」《大學》一書，原是《禮記》第四十二篇，宋儒朱熹從《禮記》中取出以配《中庸》、《論語》、《孟子》，並稱為四子書，後簡稱為四書。《大學》之名義，乃指博大之學問，學成之後，可以治國、平天下。《大學》之作者，朱熹認為經一章是孔子之言，而曾子記述之，傳十章是曾子的意思，而他的弟子們記述的。

明明德、親民、止於至善，謂之三綱，格物、致知、誠意、正心、修身、齊家、治國、平天下，謂之八目。明明德，謂把天生靈明的德性闡明出來。親民，程子（程頤，伊川先生）釋親者，新也，使人民日新又新；王陽明釋親民為親近民眾，親愛民眾。儒家思想的生命理想，是修己以安人，修己以安百姓，修己以安天下。

至真、至善、至美，是人生的最高理想，許慎《說文解字》：「善，吉也，與義、美同意。」善就是存好心、說好話、做好事、走好路，善就是義。如何止於至善？分定、靜、安、慮、得五個層次。「知止而后有定……」，知道應該得到的境界，才能夠使自己志向堅定；志向堅定，才能夠鎮靜不躁；鎮靜不躁，才能夠心安理得；心安理得，才能夠使思慮周詳；思慮周詳，才能有所收穫。

傳三章：「詩云：邦畿千里，惟民所止。」詩云：緡蠻黃鳥，止於丘隅。子曰：於止，知其所止，可以人而不如鳥乎？」又：「詩云：穆穆文王，於緝熙敬止。為人君，止於仁；為人臣，止於敬；為人子，止於孝；為人父，止於慈；與國人交，止於信。」前二句引《詩經》的話，止字，指棲止。「於緝熙敬止」，形容周文王不斷發揮他的光明，而處於至善的境地。「為人君……」，止指人君、人子、人父、與國人交，應有的修養。

《大學》中的止字，不是停止、終止，也不是阻止、禁止，而是居止、蒞止（到達）。「止於至善」，指人生的修養，要以至善為最高境界。**好是沒有極限的，我們只能努力求好、做好，「堅持做對的事，堅持把對的事做**

更好。」

《中庸》第二章：「仲尼曰：君子中庸；小人反中庸。君子之中庸也，君子而時中，小人之反中庸也，小人而無忌憚也。」何謂中庸？子程子曰：「不偏之謂中，不易之謂庸；中者天下之正道，庸者天下之定理。」

《中庸》原是《禮記》的第三十一篇，宋二程子加以表章，朱熹取以配《大學》、《論語》、《孟子》，號為四書。《中庸》之作者，子程子曰：「此篇乃孔門傳授心法，子思恐其久而差也，故筆之於書，以授孟子。」

《中庸》第一章：「喜怒哀樂之未發，謂之中；發而皆中節，謂之和。中也者，天下之大本也；和也者，天下之達道也。致中和，天地位焉，萬物育焉。」

第四章：「子曰：道之不行也，我知之矣！知者過之，愚者不及也。道之不明也，我知之矣！賢者過之，不肖者不及也。人莫不飲食也，鮮能知味也。」

第十四章：「君子素其位而行，不願乎其外。素富貴，行乎富貴；素貧賤，行乎貧賤；素夷狄，行乎夷狄；素患難，行乎患難。君子無入而不自得焉！」又：「君子居易以俟命，小人行險以徼幸。子曰：射有似乎君子，失諸正鵠，反求諸其身。」

第二十章：「凡事豫則立，不豫則廢。言前定則不跲，事前定則不困，行前定則不疚，道前定則不窮。」又：「人一能之，己百之；人十能之，己千之；果能此道矣，雖愚必明，雖柔必強。」

第二十二章：「唯天下至誠，為能盡其性；能盡其性，則能盡人之性；能盡人之性，則能盡物之性；能盡物之性，則可以贊天地之化育，可以贊天地之化育則可以與天地參矣。」

第三十一章：「唯天下至聖，為能聰明睿知，足以有臨也；寬裕溫柔，足以有容也；發強剛毅，足以有執也；齊莊中正，足以有敬也；文理密察，足以有別也。溥博淵泉，而時出之。」第三十二章：「唯天下至誠，為能經綸天下之大經，立天下之大本，知天地之化育。」

《中庸》一書，不在告誡人要知止、知足，而在於人要執守中道，不偏不倚，不要過與不及。其次「君子無入而不自得」，做人求其心安而已，不貪不求，自然是俯仰自得。「君子居易以俟命，小人行險以徼幸」。君子以平常心看待人生的得失禍福，小人則鋌而走險，甘冒不諱，「君子求一萬，小人求萬一。」君子凡事早有準備，不做沒有準備的事；小人則一日多變，急於求成。君子不求天，不求人，一切靠自己的努力，本著勤以補拙的精神，「人一能之，己百之；人十能之，己千之。」

《中庸》一書，可謂盡性之書，由盡己之性，進而盡人之性，終而盡物之性。**西方文化的價值在於盡物之性，東方文化的價值在於盡人之性、盡己之性**。西方文化的高度發展，結果卻使世變日亟，人性煙滅，甚至對全體人類產生極大的危機；以儒家思想為核心的東方文化，則是「放之則彌六合，卷之則退藏於密。」可以「贊天地之化育」，可以「與天地參。」

孔子的知止思想，分別見其論修身、齊家、治國、平天下的道理。孔子的知止思想見諸修身者，如何修身呢？首先要懂得反省，一個能反省的人，才會是一個進步的人。《論語．公冶長》：「子曰：已矣乎！吾未見能見其過而內自訟者也。」一般人做錯了事，常不知道自己做錯了事，即便知道自己做錯了事，也要加以辯解、掩飾，而沒有勇氣改過，所以，孔子一再強調「過則勿憚改。」（〈子罕〉）「過而不改，是謂過矣。」（〈衛靈公〉）

其次，要「見賢思齊」（〈里仁〉）、「就有道而正焉」（〈學而〉）。德行的修養，要在人際關係中才能彰顯其意義；德行的增長，是要不斷學習觀摩，相互切磋。孔子自述：「十室之邑，必有忠信如丘者焉，不如丘之好學也。」（〈公冶長〉）孔子是個很好學的人，不只在學問上的追求是如此，在德行的修養上也是如此，看見別人有長處，便虛心請教。（〈述而〉：「子與人歌而善，必使反之，而後和之。」）

其次，在人格的修養上，必須做到「毋意、毋必、毋固、毋我。」（〈子罕〉）就是凡事不要隨意臆測，不要一意孤行，不要頑固執著，不要偏私己心。

《論語．衛靈公》：「子張問行。子曰：言忠信，行篤敬，雖蠻貊之邦行矣，言不忠信，行不篤敬，雖州里行乎哉？」君子立身處世，就是要能做到「言忠信，行篤敬」，要謹言慎行，所以孔子說：「古者言之不出，恥躬之不逮也。」〈里仁〉又說：「其言之不怍，則為之也難。」（〈憲問〉）而在行事上，「邦有道，危言危行；邦無道，危行言孫。」（〈憲問〉）當然，謙虛的態度，是修身必備的條件，《論語．泰伯》：「子曰：如有周公之才之美，使驕且吝，其餘不足觀也已。」這句話值得我們深思。

孔子人生理想的目標，最高的是聖人，其次是仁者，其次是君子。聖人的標準是要能做到「博施於民，而能濟眾。」（〈雍也〉）孔子與弟子言志，談到自己的人生理想是「老者安之，朋友信之，少者懷之。」（〈公冶長〉）正是聖人的寫照。

我們一般人做不到聖人，能做到仁者也不錯。《論語》一書，孔子講到「仁」字的有五十七章，「仁」字出現一〇五次，可見孔子對仁德的重視。

什麼叫仁？《中庸．哀公問政》：「子曰：仁者，人也。」仁是人德的總稱，仁是人之所以為人的道理，人之所以異於禽獸，就是人具有仁愛之心。孔子對於仁的解釋很多，其中以《論語．顏淵》：「樊遲問仁，子曰：

愛人。」最為簡要圓滿。孔子在〈雍也〉說：「夫仁者，己欲立而立人，己欲達而達人，能近取譬，可謂仁之方也已。」孔子講「愛人」的道理，是由自己推及於別人。人性都不免有偏私，沒有一個不愛自己的人而能愛別人。

「己立立人，己達達人。」這是仁德的積極表現，在消極方面，則是「己所不欲，勿施於人。」《論語．衛靈公》：「子貢問曰：有一言而可以終身行之者乎？子曰：其恕乎！己所不欲，勿施於人。」一個人能夠設身處地，多為別人著想，一定是個仁者，一定不會和別人發生紛爭。

孔子的人生理想，除了聖人、仁者之外，孔子也談到君子。《論語》一書講君子的，有八十多則。所謂君子，是指才德兼備的人，（《禮記．曲禮》：「博聞強識而讓，敦善行而不殆，謂之君子。」）孔子曾說：君子有三戒、三畏、九思（〈季氏〉）。君子謹言慎行，〈學而〉：「子曰：君子食無求飽，居無求安，敏於事而慎於言，就有道而正焉，可謂好學也已。」〈為政〉：「子貢問君子。子曰：先行其言，而後從之。」又〈憲問〉：「子曰：君子恥其言而過其行。」可見君子的為人，是十分謹慎小心，不斷進德

修業，所以，君子之道三，曰：「智者不惑，仁者不憂，勇者不懼。」（〈憲問〉）

君子與仁者，可以說是同義詞，〈里仁〉：「君子去仁，惡乎成名？君子無終食之間違仁，造次必於是，顛沛必於是。」君子所以為君子，是因為君子沒有一刻離開仁，就是在倉卒之間，或是流離之時，也都是行仁的，所以，君子也就是仁者。同時，君子也是智者，因為君子非常好學，〈雍也〉：「子曰：君子博學於文，約之以禮，亦可以弗畔矣夫。」君子為人，以義為比，（〈里仁〉）坦坦蕩蕩，內省不疚，不憂不懼，所以君子也是勇者。（〈顏淵〉）

家是休息站，家也是避風港。家和萬事興，有安定的家庭，才有興隆的事業。孔子的止學見諸齊家者，為父慈、子孝、兄友、弟恭，父母對子女的愛，是與生俱來的親情，有些父母過分溺愛子女，結果愛之適以害之，孔子主張父母對待子女，「愛之能勿勞乎」（〈憲問〉）適當的勞動、勞苦，對子女的人格成長是有益的，因為人生的歷程，不會都是坦途，沒有吃苦經驗的人，遇到困難挫折的時候，就會一蹶不振，而不能愈挫愈勇。

孔子論孝的地方很多：

〈學而〉：「子曰：弟子入者孝，出則弟，謹而信，汎愛眾，而親仁，行有餘力則以學文。」

〈為政〉：「子游問孝。子曰：今之孝者，是謂能養，至於犬馬皆能有養，不敬，何以別乎？」

又：「子夏問孝。子曰：色難！有事弟子服其勞，有酒食先生饌，曾是以為孝乎？」

〈為政〉：「孟武伯問孝。子曰：父母唯其疾之憂。」

〈里仁〉：「子曰：父母在，不遠遊，遊必有方。」

《大學》釋齊家治國章，引《詩經．小雅蓼蕭》：「宜兄宜弟。」且曰：「宜兄宜弟，而後可以教國人。」《中庸》第十五章引《詩經．小雅常棣》：「妻子好合，如鼓琴瑟；兄弟既翕，和樂且耽，宜爾室家，樂爾妻孥。」都是強調夫妻和善，兄弟友好的道理。

孔子的知止思想見諸治國、平天下者，首先，孔子論施政的原則是法先王。〈為政〉：「子張問：十世可知也？子曰：殷因於夏禮，所損益可知也；周因於殷禮，所損益可知也；其後繼周者，雖百世可知也。」〈八佾〉：「周監於二代，郁郁乎文哉，吾從周。」孔子希望自己有一天能和周公一樣，輔佐朝政，他曾感嘆說：「甚矣，吾衰也，久矣，吾不復夢見周公。」（〈述而〉）

其次，孔子主張正名分。〈子路〉：「子路曰：衛君待子而為政，子將奚先？子曰：必也正名乎？……名不正則言不順，言不順則事不成，事不成則禮樂不興，禮樂不興則刑罰不中，刑罰不中則民無所措手足。」又〈顏淵〉：「齊景公問政於孔子。孔子對曰：君君、臣臣、父父、子子。公曰：善哉！信如君不君、臣不臣、父不父、子不子，雖有粟，吾得而食諸？」

再者，施政的原則，要能以德服人。〈為政〉：「子曰：為政以德，譬如北辰，居其所而眾星拱之。」又：「子曰：道之以政，齊之以刑，民免而無恥。道之以德，齊之以禮，有恥且格。」最後，寬厚愛民也是施政的原則之一。孔子不輕易以仁許人，但是對功在國家的管仲，則稱讚說：「如其仁，如其仁。」（〈憲問〉）另外，「寬則得眾」（〈陽貨〉）也是適用於施政的道理。為政之道，首在得民心，執政者有一顆寬厚的心，才能用賢、得眾。

孔子論施政的內涵，見《中庸》第二十章，孔子說：「凡為天下國家有九經，曰：修身也，尊賢也，親親也，敬大臣也，體群臣也，子庶民也，來百工也，柔遠人也，懷諸侯也。」就治國的具體作為，首先，執政者不可急功近利，而要有遠大的眼光。〈子路〉：「子夏為莒父宰，問政，子曰：無欲速，無見小利。欲速則不達，見小利則大事不成。」什麼是治理國家的大事呢？〈顏淵〉：「子貢問政。子曰：足食，足兵，民信之矣。」孔子反對戰爭，但為了國家安全，也不能不訓練軍隊，〈子路〉：「善人教民七年，亦可以即戎矣！」但是不可以讓沒有受過訓練的人去作戰，因為「以不教民戰，是謂棄之。」（〈子路〉）為政在人，舉用賢人與否，是施政成敗的關鍵，為政者如果能夠舉用正直的賢才，則人民自然心悅誠服。〈為政〉：「哀公問曰：何為則民服？孔子對曰：舉直錯諸枉則民服，舉枉錯諸直則民不服。」

孔子對於治國的理念，是主張「不患寡而患不均，不患貧而患不安；蓋均無貧，和無寡，安無傾。」（〈季氏〉）另外，「國不以利為利，以義為利也。」（《大學》）大學仁君為政，藏富於民，不與民爭利。《大學》：「德者，本也；財者，末也。外本內末，爭民施奪。是故財聚則民散，財散則民聚。」

孔子論施政的方法，主張以德服人。季康子是魯國的權臣，〈顏淵〉：「季康子問政於孔子。子曰：政者，正也，子帥以正，孰敢不正？」又：「季康子患盜，問於孔子。孔子對曰：苟子之不欲，雖賞之不竊。」《大學》說：「一家仁，一國興仁；一家讓，一國興讓；一人貪戾，一國作亂。其機如此。」又：「堯、舜帥天下以仁，而民從之；桀、紂帥天下以暴，而民從之。」可見在位者對人民的影響很大。理想的領導風格，就是要以身作則。〈子路〉：「子曰：苟正其身矣，於從政乎何有？不能正其身；如正人何？」又：「其身正，不令而行，其身不正，雖令不從。」又：「子路問政。子曰：

先之，勞之。請益，曰、無倦。」

孟子是繼孔子之後，最偉大的儒家學者，《史記．孟子荀卿列傳》：「孟軻乃述唐虞三代之德，是以所如者不合，退而與萬章之徒，序《詩》、《書》，述仲尼之意，作《孟子》七篇。」孟子的學術思想，不外內聖外王之道，而其知止思想，則可以從消極方面和積極方面二者加以探討。孟子的思想，以性善論為核心，所以他的人格特質，是樂觀、通達、熱情、自信。《孟子》〈告子〉：「惻隱之心，人皆有之；羞惡之心，人皆有之；恭敬之心，人皆有之；是非之心，人皆有之。惻隱之心，仁也；羞惡之心，義也；恭敬之心，禮也；是非之心，智也。仁、義、禮、智，非由外鑠我也，我固有之矣！」又〈公孫丑〉：「無惻隱之心，非人也；無善惡之心，非人也；無辭讓之心，非人也；無是非之心，非人也。惻隱之心，仁之端也；羞惡之心，義之端也；辭讓之心，禮之端也；是非之心，智之端也。人之有四端，猶其有四體也。」孟子因為強調人性本善，所以「人皆可以為堯舜」（〈告子〉）那麼，為什麼不是人皆為堯舜呢？孟子說：「牛山之木嘗美矣，以其郊於大國也，斧斤伐之，可以為美乎？是其日夜之所息，雨露之所潤，非無萌孽之生焉，牛羊又從而牧之，是以若彼濯濯也。人見其濯濯也，以為未嘗有材焉，此豈山之性也哉？雖存乎人者，豈無仁義之心哉？其所以放其良心者，意猶斧斤之於木也，旦旦而伐之，可以為美乎？」（〈告子〉），因此，孟子主張存養善端，擴充善端。〈告子〉：「苟得其養，無物不長，苟失其養，無物不消。」孟子認為人人雖有善性，可是如果不加以存養，是很容易被泯沒喪失的。孟子說：「養心莫善於寡欲。」（〈盡心〉）抗拒誘惑最好的方法，就是不要接近它。

一個人立身處世，最為重要的是要向自己的行為負責，「西子蒙不潔，則人皆掩鼻而過之；雖有惡人，齋戒沐浴，則可以祀上帝。」（〈離婁〉）西施雖然是天下聞名的美女，如果身上有惡臭汙穢之物，別人皆掩鼻而過；相反的，一個犯錯的人，如能改過自新，上天也會接納。孟子論人生理想，首先是要立志。〈盡心〉：「王子墊問曰：士何事？孟子曰：尚志。」孟子一生的職志，是有鑑於世衰道微，異端並起，楊朱、墨翟之言盈天下，諸侯之間，則是「爭地以戰，殺人盈野；爭城以戰，殺人盈城。」（〈離婁〉）「楊朱為我，是無君也；墨氏兼愛，是無父也；無父、無君，是禽獸也。……楊墨之道不息，孔子之道不著，是邪說誣民，充塞仁義也。仁義充塞，則率獸食人，人將相食，吾為此懼。」（〈滕文公〉）孟子的人生理想，是要正人心，息邪說，距詖行，放淫辭，以承三聖者。（〈滕文公〉）是要捍衛儒家的思想，而且抱救世之志。

孟子游事梁惠王、齊宣王等，為了力勸諸侯國君推行仁政，苦口婆心，循循善誘，梁惠王好園囿，齊宣王好樂、好勇、好貨、好色，孟子都一一勉以「與民同樂」，「樂民之樂者，民亦樂其樂」，「與民同之，於王何有？」（〈梁惠王〉），以建立君王推行仁政的信心。

在個人修養方面，孟子對天命的看法，是積極而樂觀的。《孟子》一書，多處提到「命」、「天命」，如〈公孫丑〉引《詩經．大雅文王》〉：「天命靡常。」〈盡心〉：「莫非命也。」又：「得之有命。」等皆是。何謂命？〈萬章〉：「莫之為而為者，天也；莫之致而至者，命也。」所謂命，依孟子的意思，是指非人力所能控制的事，即「天有不測風雲，人生旦夕禍福。」孟子說：「有不虞之譽，有求全之毀。」（〈離婁〉）人生有許多的無解，只能逆來順受。不過孟子主張知命而不認命，要自求多福，要盡心。〈盡心〉：「是故知命者，不立乎巖牆之下。盡其道而死者，正命也；桎梏死者，非正命也。」人總會老，老總會死，要死得其時，死得其所。

人生的得失禍福，常受命運的擺布，可是有些災難卻可以事先防範。〈公孫丑〉：「詩云：迨天之未陰雨，徹彼桑土，綢繆牖戶，今此下民，或敢侮予？」孟子引《詩經．豳風鴟鴞》，以鳥的修補破巢為喻，鴟鴞尚且知道趁著天未陰雨，「徹彼桑土，綢繆牖戶。」可以人而不如鳥嗎？〈告子〉：「生於憂患，死於安樂。」並不是在憂患的環境下就能生存，在安樂的環境下就會滅亡。孟子是提醒我們，在安樂的環境下，容易使人懈怠、驕傲、粗心大意，忘記危險，一有禍害降臨的時候，則倉皇失措，束手無策，當然容易趨於滅亡。反之，憂患的環境，容易使人提高警覺，心存戒惕，臨危不亂，在謹慎周全的處置下，平安的度過難關。所以，孟子說：「人恆過，然後能改；困於心，衡於慮，而後作；徵於色，發於聲，而後喻。入無法家拂士，出則無敵國外患者，國恆亡。」（〈告子〉）又〈盡心〉：「人之有德慧術知者，恆存乎疢疾。獨孤臣孽子，其操心也危，其慮患也深，故達。」宋歐陽修〈五代史伶官傳序〉一文也說：「憂勞足以興國，逸豫足以亡身。」

不過，在憂患的環境下，如果沒有憂患意識是更容易滅亡；在安樂的環境下，有了憂患意識，一樣能夠生存，而且更能有發展。問題不在環境的憂患或是安樂，而是是否具有憂患意識。

〈告子〉：「故天將降大任於斯人也，必先苦其心志，勞其筋骨，餓其體膚，空乏其身，行拂亂其所為，所以動心忍性，曾益其所不能。」人生不是要什麼就能有什麼，真實的人生，往往是要什麼而沒有什麼，事與願違。人生的可貴，就是在要什麼而沒有什麼的情況之下，藉由人的努力，而使理想逐一實現。

孟子相信有命，但是主張「永言配命，自求多福。」強調「禍福無不自己求之者」，〈盡心〉引《尚書．太甲》：「天作孽，猶可違；自作孽，不可活。」孟子告誡我們：「夫人必自侮，然後人侮之；家必自毀，而後人毀之；國必自伐，而後人伐之。」又說：「國家閒暇，及是時般樂怠敖，是自求禍也。」而對人生的苦難，人生的挑戰，我們不能沒有憂患意識。憂患，是激勵人生的試金石，沒有洶湧的波濤，如何激起美麗的浪花？**沒有憂患的衝擊，人生如何顯得多采多姿？能承擔愈多憂患的人，才能成為大時代的主人。**

在外王方面，孟子的政治思想，主張王道、仁政。《孟子．梁惠王》第一章：「孟子見梁惠王，王曰：『叟，不遠千里而來，亦將有以利吾國乎？』孟子對曰：『王何必曰利？亦有仁義而已矣！王曰何以利吾國？大夫何以利吾家？士庶人曰何以利吾身？上下交征利，而國危矣！苟為後義而先利，不奪不饜。』」因此，孟子的結論是：「王亦曰仁義而已矣，何必曰利。」

孟子說：「今夫天下之人牧，未有不嗜殺人者也，如有不嗜殺人者，則天下之民皆引領而望之矣。」〈梁惠王〉又說：「王（梁惠王）如施仁政於民，省刑罰，薄稅斂，深耕易耨，壯者以暇日修其孝悌忠信，入以事其父兄，出以事其長上，可使制梃以撻秦楚之堅甲利兵矣。」又：「民歸之，由水之就下，沛然誰能禦之？」

孟子的政治思想，除了主張仁政之外，所謂「言必稱堯舜」，意指法先王。《孟子．離婁》：「離婁之明，公孫子之巧，不以規矩不能成方圓；師曠之聰，不以六律，不能正五音；堯舜之道，不以仁政，不能平治天下。今有仁心仁聞而民不被其澤，不可法於後世者，不行先王之道也。」又：「規矩，方員（圓）之至也，聖人，人倫之至也。欲為君盡君道，欲為臣，盡臣道，二者皆法堯舜而已矣。不以舜之所以事堯事君，不敬其君者也；不以堯之所以治民治民，賊其民者也。」孟子說：「以力假仁者霸，霸必有大國，以德行仁者王，王不待大。」（〈公孫丑〉）國力的大小，不在於土地的大小、人口的多寡，以及武器的強弱，最重要的是人心的向背，和施政者的用心。

領導統馭是管理學最重要的課題。**美國學者彼得．克拉克《管理的實踐》一書說：「一家企業沒有良好的績效；應該替換的不是工人，而是總裁。」**治理國家一如管理企業，《孟子．梁惠王》：「孟子謂齊宣王曰：『王之臣有託其妻子於其友，而之楚遊者，比其反也，則凍餒其妻子，則如之何？』王曰：『棄之。』曰：『士師不能治士，則如之何？』王曰：『已之。』曰：『四境之內不治，則如之何？』王顧左右而言他。」孟子很技巧的對齊宣王強調，國君必須對治理國家的成敗，擔負完全的責任。

人君治國，最重要的是要能夠以身作則，要有自省的能力。孟子說：「人有恆言，皆曰天下國家。天下之本在國，國之本在家，家之本在身。」〈離婁〉又：「未有仁而遺其親者也，未有義而後其君者也。」〈梁惠王〉又：「推恩足以保四海，不推恩無以保妻子，古之人所以大過人者無他焉，善推其所為而已矣。」〈離婁〉：「君仁莫不仁，君義莫不義。」又：「三代之得天下也以仁，其失天下也以不仁，國之所以興廢存亡者亦然。」

「仁者如射」（〈公孫丑〉）「愛人不親反其仁，治人不治反其智，禮人不答反其敬，行有不得者，皆反求諸已，其身正而天下歸之。」（〈離婁〉）這是孟子強調國君要有自省的能力，所以梁惠王抱怨自己對國人已很用心、盡心，「河內凶，則移其民於河東，移其粟於河內，河東凶亦然。」（〈梁惠王〉）可是梁國人民沒有增加，鄰國人民沒有減少，孟子就以「五十步笑百步」為喻，告訴梁惠王要從根本上解決老百姓的民生問題著手，讓老百姓養生送死無憾，「養生送死無憾，王道之始也。」

貴為人君，要有「樂以天下，憂以天下。」（〈梁惠王〉）的胸襟和抱負，要能與人民同好惡，所謂「樂民之樂者，民亦樂其樂；憂民之憂者，民亦憂其憂。」「桀紂之失天下也，失其民也；失其民者，失其心也。得天下有道，得其民，斯得天下矣！得其民有道，得其心，斯得民矣！得其心有道，所欲與之聚之，所惡勿施爾也。」〈離婁〉可見為政之道，貴在得民心，所以，孟子說：「天時不如地利，地利不如人和。」（〈公孫丑〉）

人才是治國的根本。《孟子．梁惠王》：「所謂故國者，非謂有喬木之謂也，有世臣之謂也。」用人唯才，尊重專業，「故將大有為之君，必有所不召之臣，欲有謀焉，則就之。」（〈公孫丑〉）賢明的國軍要能「貴德而尊士，賢者在位，能者在職。」才能把國家治理好，使人民安居樂業。有人勞心，有人勞力，國君用人，必須博採眾言，不可獨斷，而且要常常自我反省。「左右皆曰賢，未可也；諸大夫皆曰賢，未可也，國人皆曰賢，然後察之，見賢焉，然後用之。左右皆曰不可，勿聽；諸大夫皆曰不可，勿聽；國人皆曰不可，然後察之，見不可焉，然後去之。左右皆曰可殺，勿聽；諸大夫皆可殺，勿聽；國人皆曰可殺，然後察之；見可殺焉，然後殺之。」可見孟子非常尊重民意。

五、老子的知止思想

老子認為人生的憂患，主要是私心太重，以及外界的誘惑太大。一個人私心太重，就會患得患失，就會不知足、不知止，而禍患無窮。

老子是位哲學家，他的成就，不只在於對宇宙的本體、生命的本源，有精湛的見解；他對人生的煩惱、困惑，也有相當清楚的體認。我們一般人認為老子是個消極、退隱的人，其實，他也是滿腔熱血，對他所生存的環境、所處的時代，非常的關切。老子的著書，不僅對施政者有所建言，對芸芸眾生的人生理想的追求，他更是殷殷叮嚀，多所勉勵。老子的人生哲學，不只對古人有裨益，對我們現代人而言，終日處在緊張忙碌之中，栖栖惶惶，心無定所，他的人生智慧，毫無疑問，更有安定人心的作用。

人生是永不止息的奮鬥過程，至真、至善、至美，是人生追求的最高目標。西方有句諺語說：**「一個人贏得了全世界，而失掉自己，這個世界對他有什麼意義？」**這正和老子所說：「身與貨孰多？得與亡孰病？」（《老子》第四十四章）同一意思。很多人說：我們的社會病了，因為我們有許多人迷失了人生奮鬥的方向，以為人生努力的目標，只在求名求利，而忽略了比金錢、地位更可貴的親情、友情與愛情，以及精神上怡然自得的情趣。由於對物質生活永無止境的追求，不知止、不知足，疲於奔命，愈陷愈深，於是惹來痛苦的禍患，這哪是人生之美呢？

本文旨在探討老子的知止思想。**老子認為人生的憂患，主要是私心太重，以及外界的誘惑太大**。一個人私心太重，就會患得患失，就會不知足、不知止，而禍患無窮；一個人禁不起外界的誘惑，就會迷失自己，誤入歧途，這兩者都是追求人生之美最大的魔障。

人之大患，為吾有身

《老子》第十三章：「吾所以有大患者，為吾有身；及吾無身，吾有何患？故貴以身為天下，若可寄天下；愛以身為天下，若可託天下。」人生的煩惱與痛苦，往往來自私心太重，慾望太多。因為私心太重，心裡只有自己，沒有別人，凡事只從自己的角度看待，不能也從別人的觀點出發，於是就會發生利益的衝突，而產生各種的爭執、糾紛。因為慾望太多，見這個喜歡，見那個也喜歡，而當物質不能滿足我們的慾望，就產生抱怨、煩苦，所謂「求不完，苦不完。」就是這個道理。

一個人心裡只有自己而沒有別人，就是一個自私的人，自私的人是不受歡迎的人；一個人心裡只有自己而沒有別人，就是一個人格不成熟的人，人格不成熟的人，誰會尊敬他呢？一個只關心自己的人，誰會關心他呢？小孩為爭得玩具而吵架，是人格不成熟的表現；大人求名奪利，錙銖必較，也是人格不成熟的表現。

人不為己，天誅地滅，做人當然不能沒有自己，但是做人不能只有自己。「我」分「小我」和「大我」，「小我」是心中只有自己而沒有別人，凡事以自己為重，別人為輕；「大我」是心中除了自己還有別人，甚至能以別人為重，自己為輕，老子說：「吾所以有大患者，為吾有身。」是指「小我」的「我」，老子說：「貴以身為天下，若可寄天下；愛以身為天下，若可託天下。」是指「大我」的「我」。肯犧牲自己而為天下服務的人，才可以把天下交給他；喜歡奉獻自己而為天下服務的人，才可以把天下託給他。

一個無私、無我的人，以天下為念，天下人亦以他為念。人生的煩惱與痛苦，除了因為私心太重，也因為慾望太多。人在物質方面的努力，只能解決人生的一部分問題、一時間的問題，人無法從物質方面解決所有的人生問題。人餓了要吃，渴了要喝，今天吃飽了，喝足了，明天、後天依然要吃、要喝，人生也不只是吃飽喝足的需求而已，何況人在物質方面的追求是永無止境的，沒得吃的時候，希望有得吃；有得吃的時候，希望能吃飽、吃巧，還要有餘，好還要更好，多還要更多。

人生是有限的，有限的歲月、有限的體力、有限的財富……，「以有涯隨無涯，殆矣！」面對有限的人生，必須接受人生的有限，發展它，成就它，放下它，不以人生的有限為有限，才能享受人生的無限。

人常常被放置在充滿貧乏、恐懼、不安的環境之中，人要如何才能免於貧乏、恐懼與不安呢？人除非從精神上得到完全的解放，重獲個體心靈的自由，否則不能徹底解決人生所有的問題、人生最根本的問題，而這個使個體生命得到完全解脫的歷程，就是老子所謂「及吾無身」的「無身」，放下一切，才能獲得一切。

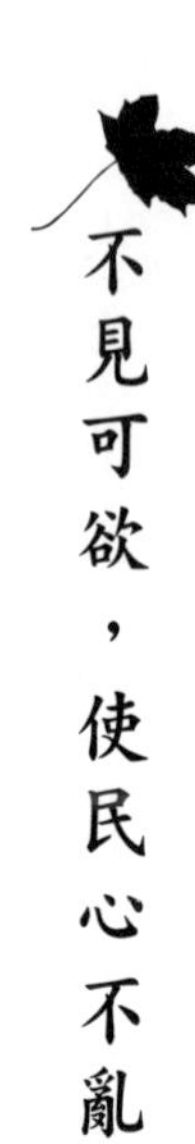

不見可欲，使民心不亂

《老子》第十二章：「五色令人目盲，五音令人耳聾，五味令人口爽，馳騁畋獵令人心發狂，難得之貨令人行妨。是以聖人為腹不為目，故去彼取此。」人類的文明愈進步，各種聲色犬馬的誘惑，就愈是爭奇鬥艷，花樣百出。在這個五彩繽紛的世界裡，如果我們不能自制，必然會陷入像老子所說的「目盲」、「耳聾」、「口爽」、「心發狂」的地步。

人生最難的是抗拒誘惑，生而為人，與生俱有七情、六慾，面對人生的種種誘惑，除非是很有修養的人，自制力很強，否則很難忍得住情性，而不會陷溺於情欲的追求。**一個人過度沉迷於食色，成為情欲的奴隸，注定要痛苦一生**。甚者，因為欲望太多，陷溺太深，不能自拔；為了滿足無盡的欲望，必然疲於奔命，而且不惜犧牲自己的健康、生命，以及別人的幸福快樂，給自己和別人帶來許多的傷害，成為社會不安的禍源。

在這充滿誘惑的社會，每個人都要有智慧知道要什麼、不要什麼？該要什麼、不該要什麼？如果在我們生命中僅能剩下最後的選擇，我們要選擇什麼？如果我們必須放棄一些需求，我們先要割捨的又是什麼？

《老子》第十九章：「絕巧棄利，盜賊無有。」巧是機巧，利是貨利。人一有了機巧的心與貨利的念頭，就會想盡方法投機取巧，佔人便宜，而為了謀求獲利，甚至不擇手段，做出傷天害理的事，作奸犯科，淪為盜賊。因此，老子認為，為求天下的太平，社會的安寧，必須斷絕機巧的心，捨棄貨利的追求，才能止息盜賊的出現。

《老子》第三章：「不尚賢，使民不爭。不貴難得之貨，使民不為盜。不見可欲，使民心不亂。是以聖人之治，虛其心，實其腹，弱其志，強其骨。常使民無知無欲，使夫智者不敢為也。為無為，則無不治。」名位可以使人引起爭逐的心，財貨可以使人引起貪得之念。

治國者不崇尚賢名，可以使人民不生爭心；不重視難得的財貨，可以使人民不為竊盜；不顯現名利的可貴，可以使人民的心志不惑亂。老子認為，聖人治政，淨化人民的心思，使人民不能多生主張；滿足人民的口腹，使人民沒有其他貪求，削弱人民的心志，使人民不生機智詭巧；堅強人民的體格，使人民努力工作。常使人民無知無識，無欲無念，處於純真渾沌的狀態。縱使有一些巧詐機變的人，也不能有所做為了。

有些人誤解老子，以為老子的政治思想，是一種愚民政策，以為老子是一位反智主義者、絕欲主義者，（《老子》第十八章：「智慧出，有大偽。」第十九章：「絕聖棄智，民利百倍；絕仁棄義，民復孝慈；絕巧棄利，盜賊無有。」第六十五章：「古之善為道者，非以明民，將以愚之。民之難治，以其智多。故以智治國，國之賊；不以智治國，國之福。」）其實，老子是用心良苦，他是一位智者，他發現天下的動亂，都是起於爭求；人生的痛苦，源於欲望太多。人有了身體，便有了欲望，有欲望而不能滿足，便有痛苦，甚至有禍患。老子知道去智、絕欲是不可能的，所以只主張「見素抱樸，少私寡欲。」表現純真，抱持質樸，減少私心，降低欲望。

金玉滿堂，莫之能守

《老子》第九章：「持而盈之，不如其已；揣而銳之，不可長保；金玉滿堂，莫之能守；富貴而驕，自遺其咎。」面對滿堂金玉，我們應該如何自處呢？功名富貴，人見人愛，但是君子愛財，取之有道，絕不可以為了貪名求利，不擇手段，做出傷天害理的事情。

君子對於富貴的態度，應是如《中庸》所說：「素富貴，行乎富貴，素貧賤，行乎貧賤。」「君子素其位而行，不願乎其外。」居處在什麼地位，就過什麼樣地位的生活，居處富貴的地位，就過富貴的生活；居處貧賤的地位，就過貧賤的生活，不忮不求，順其自然。

任何事物持有而盈滿，勢必傾危，所以老子說：「不如其已。」就是要適可而止的意思。「揣而銳之，不可長保。」老子以物為喻，認為任何東西**一旦錘磨得過於銳利，必然容易折斷，比喻一個人如果太過顯露鋒芒，必遭挫敗。**

為什麼說：「金玉滿堂，莫之能守」呢？物忌太滿，滿則溢；物忌太盛，盛則衰。《老子》第七十七章：「天之道，其猶張弓與！高者抑之，下者舉之；有餘者損之，不足者補之。天之道，損有餘而補不足。」天道的運作，就像張開了弦，準備射箭，弦太高了，就把它壓低一些；弦太低了，就把它提高一些；弦太長了，就去短一點；弦太短了，就加長一點。

「損有餘而補不足」，這就是天道，是宇宙不變的道理，月缺則圓，月圓則缺，所有的自然現象，無不如此，俗話說：「好花不常開，好景不常在。」《老子》第五十五章：「物壯則老，是謂不道，不道早已。」天地萬物一到強大盛壯的時候，就開始趨於衰敗，「眼看他起高樓，眼看他宴賓客，眼看他樓塌了。」「舊時王謝堂前燕，飛入尋常百姓家。」「浪濤盡，千古風流人物。」世事難以預料，多情轉似無情，人世間的得得失失，是是非非，豈不都是轉眼成空。

物極必反，物盛則衰，這是大自然的法則。因為大道的運行是循環往復的，（《老子》第四十章：「反者，道之動。」）「飄風不終朝，驟雨不終日。」凡是存在的都會消逝，所以擁有金玉滿堂的時候，要知福、惜福，持盈保泰，不可自恃驕貴，自遺其咎。

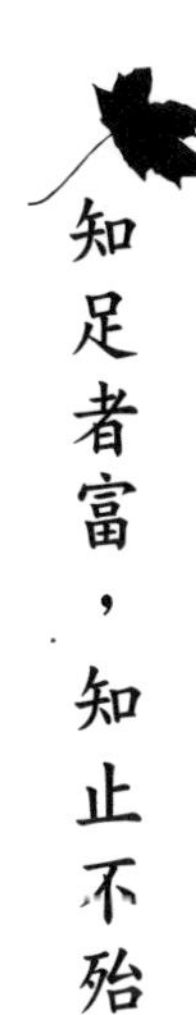

知足者富，知止不殆

《老子》第四十六章：「禍莫大於不知足，咎莫大於欲得，故知足之足，常足矣。」不知足是痛苦的根源，不知足也是災禍的根源。人的欲望是很難滿足的，走路的人希望有車代步，有小車子的人希望有大車子拉風，有國產車的人希望有進口車神氣。租屋的人希望擁有自己的窩，住小房子的人希望換個大房子，擁有城市公寓的人希望搬到郊外的小別墅……人生有種種欲望，一般人總是坐一山，望他山，不珍惜自己已有的，而去奢求自己未有的，終其一生，勞碌奔忙，汲汲營營，就是忙於物質上的追求，在漫漫的人生大道，原來有許多的勝景、美觀，因為行色匆匆，全部都來不及一一品味瀏覽，實在很可惜。

當然，人對欲望的追求，不全是物質方面，人在知識的探索，也是如此，《莊子．養生主》：「吾生也有涯，而知也無涯。以有涯隨無涯，殆已；已而為知者，殆而已矣。」我們的生命是有限的，而知識是無窮無盡的，以有限的生命去追求無窮無盡的知識，那就要精勞神疲了。如果知道了而還要去汲汲追求，便只能疲困終身。

知足的意義，也不全是指物質方面，一個人對自己的健康、家庭、美貌、智慧……的肯定，也很重要。天生厚德，一支草，一點露，天生我材必有用，儘管有的人智慧不高，有的人相貌不美，有的人才幹平庸，有的人健康不良，……林林總總，人生百態，但是上蒼是很公平的，祂不會把所有的好處都集中在一個人身上，也不會把所有的壞處都集中在另一個人身上，尺有所短，寸有所長，每個人各有各的優點和缺點。

當然，有的人優點多，有的人缺點多，這是很正常的，但是，最為重要的，是一個人能肯定自己，知足常足。一個不知足的人，雖然擁有比別人多的優點，依然是個不快樂的人；一個知足的人，即使有許多的缺陷和遺憾，仍然會對生命充滿信心，享受快樂的生活。

《老子》第三十三章：「知足者富。」有錢不是福，知足才是福，有錢而不知足，不如一個知足的窮人。何謂富？無取於人斯富。一個人不必伸手向人乞憐，就是富者。富是有餘的意思，銀行裡存款一萬元，和一百萬元，從某個意義來看，相去不遠。

一個人住二千萬元的房子，而銀行貸款五百萬元，另一個人住六百萬元的房子，而銀行存款一百萬，我們很難去下判斷，誰才是真正的富者？

有錢的人不是真正的富者，真正的富者是自得自足的人。有錢的人可以享受非常豪華的物質生活，但是有錢的人不一定懂得高雅的生活品質；享受不在花錢多，高雅的生活品質，並非是有錢人的專利品。錢可以買到許多珍貴的珠寶，卻買不到青春、健康和愛情。

知道滿足的人，才能真正得到滿足的快樂。一個人快樂不快樂，幸福不幸福，向來是很重要的因素，但不是最重要的因素，更不是唯一的因素。**一個人最大的滿足，不是來自物質的享受，而是精神上的愉悅和順。**

《老子》第三十二章：「知止，所以不殆。」老子說：「知道適可而止，就不會有危險的事。」為什麼呢？因為一個人過分的貪名愛利，盲目的追逐索取，往往是未得其名，先得其辱；未獲其利，先受其害。

《老子》第四十四章：「甚愛必大費，多藏必厚亡。知足不辱，知止不殆。」一人對自己所喜愛的，不管是名或利，求的愈多，失的也愈多，珍藏的寶貝很多，亡失的東西也會相對的增加。匹夫無罪，懷璧其罪，人生本來沒有是非禍福，但是因為家裡有太多的寶物，而招惹竊賊的覬覦，失財事小，傷身事大。

幸福快樂的生活是人人所企盼的，但是很多人誤解幸福的真諦，以為只有物質的滿足，才是幸福之道，而不知真正的幸福，不是來自物質生活，而是精神生活。精神上能夠怡然自得，逍遙自在，才是人生真正的快樂。

去甚，去奢，去泰，老子有三寶

《老子》第三十九章：「聖人去甚，去奢，去泰。」所謂甚，所謂奢，所謂泰，都是偏執過量的意思。凡事過猶不及，凡事偏了都不好。沒有得吃，固然無以維生，吃太多、太飽，也有害健康。老子主張順應自然，依道而行，反對智巧，反對作為，尤其是太甚、太奢、太泰，都是違反自然之道。

《老子》第六十七章：「我有三寶，持而保之。一曰慈，二曰儉，三曰不敢為天下先。慈故能勇，儉故能廣，不敢為天下先，故能成器長。今舍慈且勇，舍儉且廣，舍後且先，死矣！」老子說：「我有三種寶貝，持有而不失去。第一種是慈愛，第二種是儉嗇，第三種是不敢為天下先。慈愛則視人民如赤子而盡力保養，所以能產生勇氣；儉嗇則蓄精積德而應用無窮，所以能致廣遠；不敢為天下先，則反而能得到人民的愛戴，而為萬物之長。如果不能慈愛，而但求勇敢，不能儉嗇而但求廣遠，不能後人而但求爭先，那就走向死亡之途了。」

《大學》：「楚書曰：楚國無以為寶，惟善以為寶。」又：「舅犯曰：亡人無以為寶，仁親以為寶。」楚國以善為寶，晉國的舅犯告訴流亡在外國的公子重耳，要以仁親為寶，這是儒家談治國之道，修身之理，偏重親近善人、仁愛人民，以仁為核心的人文思想，老子則是以慈、以儉、以不敢為天下先為寶。雖然不像儒家強調主動積極、舍我其誰、當仁不讓的精神，其目的仍在求無為而無不為，以退為進。

以不敢為天下先為例，《老子》第三十九章：「貴以賤為本，高以下為基。是以侯王自謂孤、寡、不穀，此非賤為本邪？」侯王以孤、寡、不穀自稱，這是自處卑下的作為，其目的則是要先民、上民，所謂「以其不爭，故天下莫能與之爭。」慈者，慈愛人民。老子是個反戰主義者，認為兵者不祥之器，人人都厭棄它，有道的人不用它。

《老子》第三十章：「以道佐人主者，不以兵強天下，其事好還，師之所處，荊棘生焉，大軍之後，必有凶年。」第六十八章：「善為士者不武，善戰者不怒，善勝敵者不與。」老子反對逞兇鬥狠，《老子》第四十六章：「天下有道，卻走馬以糞；天下無道，戎馬生於郊。」**剛強易摧，真正的勇者，不是逞強好勇，善戰求勝，而是守柔的慈者。**慈者看起來是柔弱的，其實是堅強者，勇者看起來很剛猛，結果卻最早摧折。

儉是儉嗇的意思，《韓非子．解老》：「智士儉用其財則家富，聖人愛寶其神則精盛。人君重戰其卒則民眾，民眾則國廣。」廣不一定指國廣，家富、精盛，都可用廣。

《老子》第五十九章：「治人事天，莫若嗇。夫唯嗇，是謂早服。早服謂之重積德。」早服，謂早服從於道。嗇有愛惜的意思，治人、修身，最重要的是愛惜精神。黃老養生之道，最為強調的就是愛惜精神，愛惜精神才能早服於道而厚積德。

致虛守靜，守柔處下

《老子》第十六章：「致虛極，守靜篤。萬物並作，吾以觀復。夫物芸芸，各復歸其根。歸根曰靜，是謂復命。」「致虛」，是消除心知的作用，使內心空虛無知。**「守靜」，是去除欲念的煩惱，使內心安寧靜默。**

人的心靈本來是虛明寧靜的，但是往往為私欲所蒙蔽，因而觀物不得其正，行事不得其常。我們要努力做到「致虛」、「守靜」的工夫，以恢復原有的虛明寧靜。

道體虛靜。道能化生萬物，使天地萬物生長、活動，都是虛、靜的作用，虛是指由無到有，再由有返無；靜是萬物的根源，萬物雖然繁複眾多，但是最後還是回復它們的本性。回復根源又叫「復命」，這是萬物變化的常規。

致虛守靜是一個人成功的重要條件。《荀子．解蔽》：「虛一而靜，謂之大清明。」虛靜的功夫，是很重要的。《老子》第五章：「天地之間，其猶橐籥乎？虛而不屈，動而愈出，多言數窮，不如守中。」橐籥，冶鐵所用之吹風熾火之器。天地之間，像是一具風箱，風箱內容空虛，而能生風不已，天地也是廓然太虛，而能包容萬物，化生萬物，無窮無盡，生生不息。

對於靜字，老子有很高明的看法。《老子》第二十六章：「重為輕根，靜為躁君。是以聖人終日行不離輜重，雖有榮觀，燕處超然。奈何萬乘之君，而以身輕天下？輕則失根，躁則失君。」又第四十五章：「靜勝躁，寒勝熱，清靜為天下正」。凡物輕則不能載重，所以說：「重為輕根。」而清靜可以克服躁動，所以說「靜為躁君。」萬乘之主，一身繫國家安危，應當持「重」守「靜」，而不可以身行輕躁，否則就不足以任天下了。

虛靜的功夫，是追求人生之美的重要條件。一個人能夠做到虛靜的功夫，對於一切的事理，才會有透澈深刻的理解，才不會有邪曲不正的看法。在這繁雜的社會裡，每個人的腳步都很倉卒，甚至亂了節拍，迷失方向，盲目的跟著潮流，浮浮沉沉，十分可悲。因此，每天再忙，都應該留一點時間給自己，跟自己心靈交談。

人在靜下來的時候，才能真實的看清楚自己是誰？自己需要什麼、不需要什麼？自己擁有什麼、缺少什麼？一顆寧靜的心，如一方潔淨的湖水，清楚的照映出人的形體儀態，寧靜的心，使人正確的了解自己，既不會虛浮誇大，目中無人，也不會妄自菲薄，自暴自棄。美好的人生，要在虛靜中才能獲得。

《老子》第七十六章：「人之生也柔弱，其死也堅強。萬物草木之生也柔脆，其死也枯槁，故堅強者死之徒，柔弱者生之徒。是以兵強則不勝，木強則兵，強大處下，柔弱處上。」老子主張守柔處下，一方面是從人的生理結構來看，人活著的時候，身體是柔軟的，死後就變為僵硬了。另一方面，從自然界現象的角度來看，花草樹木生長的時候，形質是柔脆的，死後就變為枯槁，可見「柔弱者生之徒」而「堅強者死之徒」，凡是柔弱的，都是屬於生存的一類，凡是堅強的，都是屬於死亡的一類。

老子舉兵勢與樹木為例。兵勢強大，則恃強而驕，反而不能取勝，樹木強大，為工匠所需，反而遭受砍伐，所以老子得到一個結論：凡是強大的，反而居於下位；凡是柔弱的，往往屬於上位。

老子強調柔弱的哲學。《老子》第二十八章：「知其雄，守其雌，為天下谿，為天下谿，常德不離，後歸於嬰兒。知其白，守其黑，為天下式。為天下式，常德不離，復歸於無極。知其榮，守其辱，為天下谷。常德乃足，復歸於樸。」「知其雄，守其雌。……知其白，守其黑。……知其榮，守其辱。」雄尊而雌卑，雄剛而雌柔，雄動而雌靜。知雄守雌，即知尊守卑，知剛守柔，知動守靜。「知白守黑」，知道光明的好處，而寧願處於暗昧。

是非總因強出頭，老子告誡世人不要過分爭求，好爭的人，結果什麼都爭不到，即使爭到了，也會給自己帶來不安和痛苦；而不爭的人，內心一片祥和安樂，同時，因為他不與人相爭，所以沒有人與他爭。太剛強、太猛烈的東西，容易被摧毀，被消滅。用剛強和猛烈的手段，也不容易成功；相反的，用柔順、溫和的手段，反對的壓力最小，最容易成功。至於處下的好處，江河處下，萬物歸之；人君處下，萬民歸之。

上善若水，不爭無尤

《老子》第八章：「上善若水，水善利萬物而不爭，處眾人之所惡，故幾於道。居善地。心善淵，與善仁，言善信，正善治，事善能，動善時。夫唯不爭，故無尤。」《老子》一書，有多處以水為喻，引證人生的大道理。

水的特性，大體可分三點，一是水能滋養萬物，為萬物生命存在的重要依據。天地萬物如果沒有水的滋養，生命就很難生存持續，但是「萬物作焉而不辭，生而不有，為而不恃，功成而不居。」（《老子》第二章）這種「功成而不居」的精神，是水的特性之一。

其次，水性柔弱，決之東方則東流，決之西方則西流，盂圓則圓，盂方則方，這種不與萬物相爭的精神，是水的特性之二。

再者，眾人惡居水流卑污之地，水則不嫌棄，願意處卑、處下，處眾人之所惡，這種精神是水的特性之三。

水有「利萬物」、「不爭」、「處眾人之所惡」等三個特性，和道的特性很接近，所以老子說：「幾於道。」《老子》第三十二章：「譬道之在天下，猶川谷之於江海。」就是以水喻道。道在天下，無所不在，自然存在，水在天下，也是如此，整個世界有三分之二的面積是水。道在天下，無所不包，無所不容，江海接納百川，也是不捐細流。《老子》第七十八章：「天下莫柔弱於水，而攻堅強者莫之能勝。」水是天下至柔之物，而能馳騁天下之至堅，柔弱勝剛強，老子也是以水為喻。

老子常常以水為喻。告訴世人不爭卑下的道理。《老子》第六十六章：「江海所以能為百谷王者，以其善下之，故能為百谷王。是以聖人欲上民，必以言下之，欲先民，必以身後之。是以聖人處上而民不重，處前而民不害，是以天下樂推而不厭。以其不爭，故天下莫能與之爭。」江海甘於自處低下的地位，所以才能接受百川的歸流，而為百川之王。人與人之間的爭執，不管是自己吃虧，或是別人受了委屈，總是不免會有怨尤，傷了和氣。因此，老子告誡我們，不爭才不會有怨，功成身退，不居功，不爭名，「以其不爭，故天下莫能與之爭。」（《老子》第六十六章），實在是非常珍貴的人生箴言。

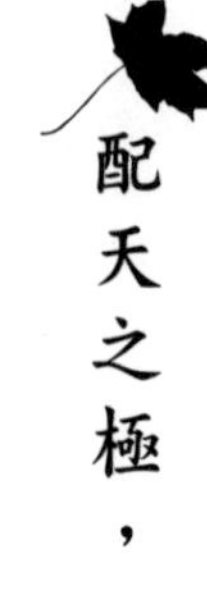

配天之極，順應自然

老子的哲學思想，以天道為基礎，老子認為天道是宇宙生命的本源，天地萬物恃之而生，《老子》第四十二章：「道生一，一生二，二生三，三生萬物。」第二十五章：「有物混成，先天地生。寂兮寥兮，獨立而不改，周行而不殆，可以為天下母。吾不知其名，字之曰道。」老子所謂的道，是指天地尚未創生以前就已經存在的一個混然天成的東西，這個東西並不是一個實體，而只是一種抽象的存在，它既無聲音，也無形體，但卻獨立於萬物之上，而恆久不變，運行於宇宙之中而永不止息。

道的特性很多，一是不偏不私，純任自然。《老子》第五章：「天地不仁，以萬物為芻狗。」第二，無為而無不為。《老子》第五十一章：「道生之，德畜之，長之，育之，亭之，毒之，養之，覆之。生而不有，為而不恃，長而不宰，是謂玄德。」道體順應自然，不造不設，好像是無所作為，但是萬物都是由道而生，恃道而長。

第三，無欲不爭。《老子》第二章：「萬物作焉而不辭，生而不有，為而不恃，功成而不居。」第七章：「天長地久。天地所以能長且久者，以其不自生，故能長生。」

第四，守柔處下。《老子》第四章：「反者，道之動；弱者，道之用。」道的化生萬物，是很柔弱緩慢的，卻循環反覆，生生不息。聖人法天而行，也要能做到不爭和處下，才能「配天之極」，與天道合一。

《老子》第二十五章：「人法地，地法天，天法道，道法自然。」宇宙有四大，人居其一。人效法地的無私載，地效法天的無私覆，天效法道的衣養萬物而不為主。道的偉大，在於能夠順應自然，純任萬物的自化，無為而無不為。

老子的哲學思想，以道為中心，老子對道的闡釋，是從自然天道出發，由天道而地道，由地道而人道。天地是萬物的父母，人以天地為師。人與天地，都要法道而行，而道的作用，以自然為法則，「自然」就是「道」，並不是在「道」之上，別有一個叫「自然」的東西。老子認為宇宙的運行，有一定的秩序，周而復始，循環不已，人只要法天而行，過自然的生活，就是最真實的生活，也是最快樂的生活。

快樂只是一種心境，並不是要有很富裕的物質生活。很奢侈的現代化享受，人才能得到幸福與快樂；相反的，如果一個人沉迷在奢侈淫靡的生活享受，永無止境的追求，不但不能增加快樂，反而帶來痛苦與煩惱，所以老子的人生理想，是過著簡單的生活，自然的生活。

老子無為的思想，運用到人生的態度，就是告誡世人要不爭，要守柔處下，要歸根復命，要絕巧棄利，順天而為。「自然」是天道的法則，人效法天道，也要追求自然的生活。

時代在變，社會在變，人心也在變。隨著時光的轉移，每一個時代都有一些改變，每一個社會都有一些不同。在這個多變的時代，多變的社會裡，我們應該如何自處，才能求得安身立命的功夫，是很重要的課題。我們在享受高科技的現代文明，我們卻支付更多的代價。

人心的陷溺，往往因為不知足，尤其是對物欲的追求，更是永無止境。因為不知止、不知足，所以就疲於奔命，愈陷愈深，以至沉淪於痛苦的深淵，不只害了自己，可能還會累及親人，甚至傷及無辜。雖然古人、今人追求的目標不一樣，但是不知止、不知足，所會帶來的傷害是一樣的。

《老子》第三十二章：「名亦既有，夫亦將知止，知止所以不殆。」第三十三章：「知足者富。」第四十四章「甚愛必大費，多藏必厚亡，知足不辱，知止不殆。」第四十六章：「禍莫大於不知足，咎莫大於欲得，故知足之足，常足矣。」以上各章，都是老子告訴我們要知止、知足的道理。宇宙萬事萬物，都不是靜止不動的，循環反覆是宇宙不滅的定律，所謂的得失、福禍、有無、利害、上下、長短、難易……概念，都是相對的，不是絕對的，老子告誡，要自然無為，不要刻意求取。

《老子》第二章：「天下皆知美之為美，斯惡已；皆知善之為善，斯不善已。故有無相生，難易相成，長短相較，高下相傾，音聲相和，前後相隨。是以聖人處無為之事，行不言之教。」第五十八章：「禍兮福之所倚，福兮禍之所伏。」禍福原是相因相成，人當然要求福辭禍，但是如果不能知止、知足，一味的追求，則不但不能求福，反而會得禍。

老子主張儉約，主張順應自然，主張少私寡欲。第五十九章：「治人事天，莫若嗇。夫唯嗇，是謂早服。早服謂之重積德，重積德則無不克。」第六十七章：「我有三寶，持而保之：一曰慈，二曰儉，三曰不敢為天下先。慈，故能勇；儉，故能廣；不敢為天下先，故能成器長。今舍慈且勇，舍儉且廣，舍後且先，死矣！」第八十一章：「甘其食，美其服，安其居，樂其俗，鄰國相望，雞犬之聲相聞，民至老死，不相往來。」

其次，老子主張不爭，謙下退讓，這對熙熙攘攘的現代人生，尤有警惕的作用。人生的災禍，很多都是因為一個爭字。朋友失和，夫妻反目，以及許許多多的人事糾紛，往往由於不能謙下退讓。《老子》第七十九章：「和大怨必有餘怨，安可以為善？是以聖人執左契，而不責於人。」第八章：「夫唯不爭，故無尤。」第二十四章：「企者不立，跨者不行；自見者不明，自是者不彰；自伐者無功，自矜者不長。」第二十八章：「知其雄，守其雌，為天下谿。……知其白，守其黑，為天下式。……知其榮，守其辱，為天下谷。」第四十三章：「天下之至柔，馳騁天下之至堅。無有入無間。」第七十八章：「天下莫柔弱於水，而攻堅強者莫之能勝。」老子主張守柔處下，因為柔弱勝剛強，因為剛強易摧。爭就是剛強，剛強易敗，所以老子勸人不爭，要守柔謙虛。

至虛守靜，是一個人成功的必備條件。《老子》第十六章：「致虛極，守靜篤。萬物並作，吾以觀復。」第五章：「天地之間，其猶橐籥乎？虛而不屈，動而愈出。多言數窮，不如守中。」第十一章：「三十輻共一轂，當其無，有車之用。埏埴以為器，當其無，有器之用。鑿戶牖以為室，當其無，有室之用。故有之以為利，無之以為用。」

道體虛無，人體道而行，當然也要能守虛靜。人的心靈本來是虛明寧靜的，因為被情欲所牽、外物所蔽，因而觀物不得其正，行事則失其常。我們應該「致虛極，守靜篤。」使心靈回復到虛明寧靜的狀態，使觀物不失其正，行事不失其常。

《老子》第十二章：「五色令人目盲，五音令人耳聾，五味令人口爽，馳騁畋獵令人心發狂，難得之貨令人行妨。」在這個五彩繽紛的世界裡，人有太多的誘惑，如果不能自制，往往就會迷失自己，做出不該做的事。面對當今社會的各種困惑、衝擊，我們應該多多學習老子的智慧，對於種種的物質誘惑，要懂得節制，知止知足，少私寡慾，抱樸守真，去甚、去奢、去泰，不要貪求妄得，才能享有幸福快樂的生活。

六、知止的生活哲理

每個人都有自己的人生方向，別人能成功的事，自己未必也能成功，人貴有自知之明，知止才能掌握人生的方向，知道自己何去何從？方向對了，就已經成功一半了。

知止就能掌握人生方向

樹的方向，由風決定，人的方向，由自己決定。可是很多人不清楚自己的人生方向，東碰西撞，終其一生，一點成績都沒有。孔子曾說：「後生可畏。四十五十而不成名，其亦不足畏也。」我們從小老師出作文題目，就要我們寫「我的志向」。志向是一個人努力的目標。小時候懵懵懂懂，對人生還沒有明確的概念，談人生的理想，有的想當總統，有的想當警察，有的想當運動家……林林總總，長大後，很少能圓夢成功的。

長大了，隨著時光流逝，發現人生並不是想像中的可愛，要什麼有什麼，反而常常是事與願違，希望一個個落空破滅，於是不敢再有理想，不敢再有宏遠的志向。

人對理想的迷失，不全是現實的殘酷，有時也因為誘惑太多，三百六十五行，行行出狀元，有些人是不知道自己該做哪一行，能做哪一行，有些人是野心太大，很多行業都有興趣，有些人則是耐心不足，做一行，怨一行，坐這山，望那山，最後是一事難成。

做任何事，不怕慢，只怕站，不怕站，只怕轉，要是心無定向，每天見異思遷，整天就想換工作，一定很難有傑出的表現。我們燒一壺水，火再微弱，只要持續不斷，終必把水燒開，若是有一陣，沒一陣，開開關關，再猛的火也燒不開水的。

做事三心兩意的人，是不會成功的，為什麼會三心兩意呢？就是因為不知止，內心沒有定向、定力。貪心的人，一次想做很多事的人，也很難有成就。論其原因，也是因為不能知止，不了解自己能力的有限、體力的有限、時間的有限、財力的有限。

一個不知止的人，往往盲目亂撞，傷痕累累，而不悔反省、檢討，卻怨天尤人，抱怨運氣不好，景氣不佳。一個懂得知止的人，能夠冷靜思考，縝密判斷，知道自己有什麼、沒有什麼？知道自己要做什麼、不能做什麼？不是每個人都有機會當美國總統，如果他不是美國公民，連被選的資格都沒有。

能夠知止的人，才能量力而為，能夠平勻理性的分析主客觀的因素和條件，做任何事不是一廂情願就可以的，也不是逞一時的衝動，就可以的。一潭池水，波瀾激盪，怎麼能夠明確的照人形影？只有平靜清澈的池水，才能清楚的照人形影。

一種米養百種人，人各有志，每個人都有自己的人生方向，別人能成功的事，自己未必也能成功，每個人都要有自知之明，不是蠻幹、亂撞就可以成事的。**知止才能掌握人生的方向，知道自己何去何從？方向對了，就已經成功一半了。**

知止就能追求生活品味

人類的存在，有別於其他的動物，人活著絕不止於求生存而已，人類懂得運用智慧，努力改善生活，追求幸福美滿的人生。從古到今，不管是中國人，或是外國人，每天汲汲以求的，都是為著改善生活，提升物質生活與精神生活的層次，得到更為富裕、安適的享受。

追求幸福快樂的人生，是每一個人共同的願望，但是我們卻發現，很多人活得並不幸福、不快樂，大家雖然都十分費心地尋找快樂、追求幸福，可是許多人卻捨近求遠、捨易求難，甚至捨本逐末，不知道所謂的幸福、快樂，原是不假外求。所謂的幸福與快樂，它只是內心的自足，是自我價值的肯定，而不是對外物的追求，功名富貴尤其不能給人帶來真正的幸福與快樂。

真正的富貴，並不是指看得見的錢財聲勢，而是內在生命的富足寬厚、愉悅舒坦。做人求其心安而已，一個問心無愧的人，俯仰不怍，順天立地，便是一個最富足、最尊貴的人。快樂之道如果建立在物欲的追求，往往適得其反，本來是「求福辭禍」，結果可能卻是「求禍辭福」。

由於科技的發展、文明的進步，現代人比過去擁有更多物質享受，食衣住行育樂各方面，都有非常顯著的改善，但是物質的豐盛、安適，並不能填補人們內心的空虛無奈，這是因為現代人生活太緊張，生存的壓力太大，時代的巨輪轉動太快，逼得大家惶惶不安。意志堅強的人，以不斷的努力、不斷的成功，來迎接不斷的衝擊和挑戰；而意志薄弱的人，則自暴自棄，逃避殘酷和現實。

如何在巨變的社會，穩住腳步而不迷失，承受挑戰而開展人生的光明大道，是一個很重要的課題。

談到生活的品味，未必一定要講求名牌，講求奢華的享受。吃香喝辣，享受不一定要花錢多。在沒得吃的年代，希望有得吃就好，有得吃了，就開始希望吃飽、吃好、吃巧，再進一步就講究情調、氣氛了。生活的品味，最重要的是感覺，感覺對了就是有品味，感覺不對，就是沒品味。一件漂亮的衣服，穿在別人身上很貼切，穿在自己身上未必貼切。

談生活的品味，並不是貴的就好，是合適的才好。天下無物不美，但是要有一顆欣賞美的心，這個世界不缺少美，只是缺少發現。擁有財富，未必能享有財富，擁有豪宅、轎車、錦衣、玉食，如果沒有一顆悠閒自得的心，整天繃緊著神經，緊張而忙碌，疲累不堪，怎麼會有好心情去享受呢？

生活的品味，是自己去體會、領悟的，不必去跟別人比較、計較，好是沒有極限的，比是比不完的。生活不只是物質的堆積，悠閒的心情，才能識得生活的趣味。一個人因富裕而庸俗，不如因貧賤而尊貴。人的價值與尊嚴，不因物質條件而改變，追求人生的樂趣，不要因為物質條件愈好而愈俗氣。

我們目前的生活條件，比起五、六十年前，已經改善太多了，但是我們現代人並不見得比以前的人，更懂得享受生活樂趣，我們都太注意看得見的東西，而忽略了一些看不見的東西，所以我們愈是努力，愈是覺得迷失、困惑、空虛、無奈。

人生最大的問題，是一個「惑」字。人往往因為想不開，所以徒增許多煩惱與痛苦。談到生活的品味，我們絕不能只從物質的角度看待。人生所追求的，是坦坦蕩蕩、恬然自得的生活。人生的陷溺，多半因為不知止、不知足，尤其是物欲的永無止境的追求，好還要更好，多還要更多，於是疲於奔命，沉溺愈深，無以自拔，不只害了自己，可能還會累及親人，傷及無辜。

幸福的人生，不是依靠名利的獲得而得到肯定，我們以歡喜的心看世界，世界便充滿歡喜。一個能知止、知足的人，才不會被花花綠綠的世界所迷惑，才不會貪得無饜的去追逐物質的奢靡。

美學大師朱光潛《談美》一書說：「中國社會長久以來的衰亂，不完全是制度的問題，而是人心太壞。每一個人都貪求富貴，害己害人。而解決之道，不是靠道德家的幾句話就管用，而是要從怡情養性做起。」

他說：「要求人心淨化，先要人生美化。人要在飽食暖衣、高官厚祿之外，追求一些較高尚、較純潔的生活。」追求生活的品味，要從知止做起。

知止就能體認生命價值

人從那裡來？人到那裡去？人生在世，所為何事？如果談生命的存在只為了飽食暖衣，那麼人在追求溫飽之後，為什麼還在忙個不停？如果說人生是為了追求財富、權力，那麼許多人擁有令人羨慕的金錢、地位之後，為什麼還是鍥而不捨努力工作？人生應該要有個更高、更遠、更完善的目的，生命的價值應該是超越個人有限的生命、超越個人的榮華富貴，而以全人類的福祉、整體國家、社會的安危為關懷的對象。換句話說，人生所追求的，應該是兩大目標，一是拔除人間的痛苦，一是增進人類的喜樂。為了拔除人間的痛苦，必須要有「我不入地獄，誰入地獄」、「地獄之門不空，誓不成佛」的心胸；為了增進人間的喜樂，必須要有「滿心歡喜，生老病死」、「大肚能容，天下古今」的氣度。

我常強調人生要有三個理想，一是生存有尊嚴，二是生活有品質，三是生命有價值。什麼是生命有價值？就是我們的生命對別人有價值，這就是我們生命的價值，兒女覺得父母很偉大，這就是父母的價值；父母覺得兒女很上進，這就是兒女的價值。如果一個朋友對你說：「有你真好」，這就是你的生命價值。簡單的說，所謂生命價值，就是做個有用的人，做個可被利用的人，對國家、社會、眾生能奉獻服務的人。

我們吃的飯，不是自己種的稻，我們穿的衣，不是自己織的布，我們住的房，不是自己蓋的屋。每個人從出生到老死，都直接或間接得到別人的照顧，我們不應該只是消費者，我們應該也是生產者。一個人成就的大小，不在於他得到多少，而在於他付出多少。一個付出愈多的人，成就愈大。一個人的生命價值，就在於他的能力對世界、對眾生做出多少的貢獻。

古人談人生三不朽，是在立德、立言、立功。筆者認為所謂不朽，是活在別人的心裡；孔子是兩千五百多年前的人物，今天大家心裡還有孔子，孔子不朽矣。我們能活在我們的親友心目中，這就是我們的不朽，我們的生命價值。

現代文明最大的危機，就是把人物化，把人當成商品來看待，只有有用或無用，把價格等同於價值。人被量化、被物質後以後，人的價值與尊嚴就不存在了。坐頭等車的人未必是頭等人，有錢可以坐頭等車，但是如果是不正當得來的財富，則未必是頭等人。如果只從財產的多寡、地位的高低，來界定一個人的生命價值，就會有笑貧不笑娼的錯誤看法。

孟子說：「人人有貴於己者。」世俗的尊貴，不是真實的尊貴，別人能請你當總經理，也可以不請你當總經理，總經理這個職位，不是自己能決定的；人可以一夕致富，也可能一夜之間傾家蕩產。

人生的迷失，在於不知孰本？孰末？孰輕？孰重？知止才能體認生命的價值，才不會捨近求遠，捨本逐末。人生的莊嚴，不是在為自己想，而是在為別人想。偉人之所以為偉人，是因為能把自己的悲苦，化作別人快樂的泉源。

知足就能求得身心安頓

《大學》：「知止而后有定。」知止的人，人生才有定向、定力。心如平原縱馬，易放難收，知其所止，才能把身心安頓下來，而不會狂亂奔走，陷於危險之地。

生活本來可以很簡單，只是我們把它複雜化了。處在今日忙亂的工商社會裡，每天進進出出，腳步都很匆促，好像有做不完的事，開不完的會，飯局一攤續一攤，到底會是樂在其中？或是苦不堪言？家人常常會抱怨找不到我，我也自覺常常找不到自己。我常自省，我真的那麼重要嗎？非得去做那些事、開那些會、吃那些飯嗎？如果有一天我不在了，這些事不是依然有人做嗎？這些會不是依然在進行嗎？這些飯局不是一樣有人在笑鬧玩樂嗎？

人生求個什麼？人生求的是一顆安定的心。有人志在高山，有人志在流水，求仁得仁，沒有什麼好爭的。問題是很多人不了解自己，不了解自己有什麼、沒有什麼？自己要什麼、不要什麼？自己該做什麼、不該做什麼？想當醫生的，不一定有能力當醫生，沒有條件當醫生，如果沒有自知之明，強求不已，只是徒然增加自己的煩惱與痛苦；想從政的人，也不是有學識、能力就可以了，機運更是重要。所謂「時勢造英雄」，生對時代，是非常重要的關鍵。

人生不必強求，天下事自有定數。人生難得，當然要多珍惜，努力表現，但是謀事在人，成事在天，凡事不必強求，盡人事則聽天命，人事已盡，天命不從，一切順其自然，才能問心無愧，心安理得。不過，雖然努力不一定成功，而不努力一定失敗，我們不能因為不確定能成功，就放棄努力。老天常常喜歡跟我們開玩笑，而且有時開的是大玩笑，讓我們驚嚇、害怕，甚至是莫大的痛苦和傷害，我們都要有勇氣承擔、面對；不管遇到任何困難、挫折，我們都不能放棄對生命的希望。

複雜的生活，使我們迷失生命的價值和努力的目標。我們的生命是有限的，我們的體力是有限的，我們的財富是有限的，如果我們的慾望、需求是無限的，其結果當然是失落的、傷心的、煩惱與痛苦的。有位長者告誡我：「一個人如果名利之心不絕，則煩惱痛苦不斷。」煩惱是自找的。快樂不是擁有很多，快樂是要求很少。

我們想要的很多，我們需要的很少。史懷哲的媽媽告訴史懷哲：「**錢夠用就好，多了只是拿來向別人炫耀**。」人要賺多少錢才夠？人心如果不滿足，賺再多的錢都不夠。很多人工作一百分，生活卻不及格，工作是為了生活，我們不要為了工作而犧牲生活。如果我們不能工作簡單，至少也得生活簡單、心靈簡單。簡單的生活，豐富的心，只有使生活簡單，才能在有限的生命、有限的體力、有限的金錢之下，求取最豐富的生活。

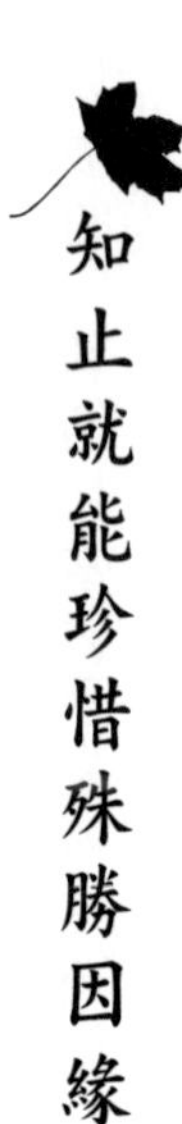

知止就能珍惜殊勝因緣

知止的人，知道人生難得，雖然人生短暫、人生無常、人生多苦難，但是每個生命自有其意義與價值。每個人與別人的相遇、相知，都是難得的殊勝因緣，要珍惜、珍重。

人生難得。人從出生到死亡，都是一連串難得的經驗，也就是佛家所說的因緣殊勝。除了特殊的情況，一般而言，子女的誕育，是父母情愛的結晶，家人都是歡欣迎接新生命的誕生，對親人、好友的亡故，則無不傷心難捨。我們是哭著出來，卻希望是笑著回去。雖然人生苦短，人生無常，人生也多苦難，但是生命依然是非常尊貴，有生命就有希望，沒有人能決定我們只能做什麼？不能做什麼？我們不能決定生命的長度，可是我們可以決定生命的寬度。

美國大作家馬克吐溫曾說：「如果我們的人生有目的，就不用靠別人告訴我們人生的目的是什麼？」前些時候，我應邀到台中啟聰學校去向該校的老師演講孔子的生命教育思想，看到該校的學生天真活潑、有禮貌，卻有的是聽障、有的是視障、有的是智障，非常的心疼，可是在文化走廊中，看見他（她）們在美術、音樂、工藝等方面優異的表現，我向校長說：「老天雖然少給了他（她）們一些東西，卻另外多給了他（她）們一些東西；老天雖然多給了我們一些東西，也少給我們一些東西。老天是公平的。」

就像我有一次在電視中，看見記者訪問一位口足畫家，他的手、腳因為車禍而殘缺了，記者問他生活會不會不方便？那位口足畫家回答：「不會呀！上天把沒有用的都拿走，留下的都是有用的。」這位口足畫家豁達的心境，真是令人佩服、感動。

張小燕女士很多年前失去了她最深愛的丈夫，她十分的悲痛，她深切的說：「老天給你的好處，祂會連本帶利的要回去。」只有真切的體驗過生命的深邃的人，才能有這番的理解。所以，我們應該要珍惜所有，「相見自是有緣，相惜且多珍重。」這是我在參加許多歡迎、歡送的場合裡，常說的一句話：「**知福、惜福，才能得福、享福。**」

快樂不是因為擁有很多，快樂是因為抱怨很少，現代的社會充斥著暴戾、怨怒，而缺少祥和、平安，主要是因為大家都是「不滿族」。我常告訴我的學生，心柔軟了，人就可愛了；我們常因為心太剛強，而跌得鼻青臉腫。放寬心胸，人生實在沒有什麼好計較的。有漂亮的臉，不一定有漂亮的命，天下事一得一失。我有一個講題是「給生命的缺口找出口」，誰的生命沒有缺口？每一個人最重要的是要能夠認識而且接納這個真實而不完美的自己，然後，用自己的因緣過生活，了解自己有什麼、沒有什麼？要什麼、不要什麼？該做什麼、不該做什麼？珍惜得來不易的因緣。正因為這個世界未曾圓滿周全，所以才有值得我們努力奮鬥的意義和價值。

知止就能接納人生無奈

人生的際遇，很難預料，像是海上的波浪，有時潮起，有時潮落。蘇東坡的〈水調歌頭〉一闕詞：「月有陰晴圓缺，人有悲歡離合。」月的圓缺，是圓少缺多，我們從初一盼到十五，才圓又缺，這是自然的定律；人的一生，跌跌撞撞，起起伏伏，也總是得意事少，失意事多。俗話說：「人生不得意事，十常八九。」雖然未必如此悲觀，但是如意的時候少，不如意的時候多，這是不爭的事實。

面對人生的不如意，有些人是心灰意懶，一蹶不振，志氣消沉頹喪；有些人則是屢仆屢起，愈挫愈勇。在一個景氣蕭條的年代，百業不振，許多公司工廠紛紛倒閉，而有一家公司的業務，仍然蒸蒸日上，一個記者十分好奇的前往採訪，才一進門，赫然看見公司的大廳貼著一句警語：「只有不爭氣，沒有不景氣。」積極而健康的理念，是他們的成功之道。的確，事在人為。

國父〈心理建設序〉一文說：「吾心信其可成，雖移山填海之難，必成矣！無心信其不可成，雖反掌折枝之易，亦難成矣！」所以，國父的結論是：「心之為用，大矣哉！」

人有無限的可能，端在一念之間，我們認為會成功的事，往往就會成功，而認為會失敗的事，結果往往會失敗。拿破崙曾說：「我成功，因為我誓必成功。」雖然有幾分的自豪、自大，但是他的信心的確是他成功的動力。

緣起緣滅，常是我們身不由己的。**聖嚴上人告誡信眾說：「我們常說人生不如意事，十常八九，因此如果我們遇到一件不如意的事，正是如我們所意。以不如意為如意，人生還有什麼不如意？」**的確，如果我們能夠勇敢、坦然的面對人生的逆境，人生就充滿喜樂、安泰、祥和，而不會有許多的抱怨、憤懟、哀傷。

生氣，是以別人的錯誤來懲罰自己。當別人以兇惡的言語、行為，來羞辱、激怒我們的時候，如果我們因此而憤怒、生氣，只表示我們和別人一般見識而已。因為不必生氣，所以不會生氣。一個幸福的家庭，來自良好的對話，所謂溝通，就是把話說清楚和把話聽清楚。人與人之間，常常是因為溝通不良，而滋生無謂的誤會與爭執。

生命有許多的無奈，我們必須逆來順受，甘之如飴。古代的聖人，是能無可如何而安之若命的人。面對各種的困難，我們只能承擔、接納，而不是逃避、怯弱。

該來的遲早會來，不該來的急也沒有用，我們要知命而不認命。努力不一定成功，不努力一定失敗；天下沒有不勞而獲的事，守株待兔、為虎拔刺的寓言故事，都在告誡我們，不能心存僥倖，以偶然為必然；而要能戰戰兢兢，知所取捨，不管是善緣或惡緣，都要能歡喜作、歡喜受。

知止就能忍受孤單寂寞

知止的人，知道人生是有限的，在人生的大道上，人生是注定孤獨無助，沒有人能陪我們一輩子，人是靠自己救助自己，我們雖然也會有一些親朋好友的歡樂聚會，但是大半是要忍受孤獨寂寞。

多年來，我經常一早便到台灣師大運動場慢跑，我在慢跑中，體會不少人生的哲理。首先，慢跑是自己在跑，別人不能代替你跑，跑一圈是一圈，跑兩圈是兩圈，實實在在，不必造假，也無法造假。我每天循例跑十圈，每圈四百公尺，當我跑完了最後一圈，我就很有成就感，我今天已經做完一件事。我每天慢跑，並不是想成為運動家，也不只是為了健康的理由，而是想藉此訓練自己的恆心與毅力。我有時也會有偷懶不跑或少跑一兩圈的想法，但最後總會勸服自己不得為懶惰找理由；**我深信成功不會是只靠運氣，成功是多一點的堅持而已**。

其次，在慢跑的途中，路是筆直的、沒有障礙的，而在人生的道路上，卻常有許多曲折坎坷。太順暢的路，有時顯得單調乏味，所以很多人不喜歡慢跑，因為太沒趣；一波三折的人生旅程，在過程之中雖然十分艱辛難熬，但是驀然回首來時的途徑，卻也非常欣慰而引以自豪。畢竟太順遂的人生，也是太平淡的人生；戰士們最大的驕傲，是回顧在槍林彈雨的戰爭洗禮下，出生入死的英勇事蹟。

再者，在運動場上，不會是只有你一個人在慢跑。在許多條的跑道上，有的跑得比你快，有的跑得比你慢，也有與你擦身而過的。各跑各的，誰也不必在乎誰；因為不是比賽，爭強好勝是沒有意義的。

有人把人生比喻成一場馬拉松賽跑，不是看誰第一個衝出去，而是看誰第一個到終點。在早晨的運動場上，每位慢跑者的目標不同，有人跑三、五圈，有人跑十圈、八圈，也有人跑更多；在來來往往的跑道上，有腳程快的，有腳程慢的，因為不在求勝負，所以每個人都能圓滿自足跑自己能跑的，跑自己想跑的。沒有得失利害的心理，所以即便別人跑在你的前面，也會怡然自得，沒有難過；你跑在別人的前面，也不會驕矜得意，自以為勝人一籌。

當然，在慢跑的途中，是很孤單寂寞的。很少時候會有熟朋友能一起慢跑，而每個人的體力不同，即使一起開始跑，也未必能一起跑完終點。人生原本就是獨來獨往的，有誰能跟著我們一輩子呢？有人相陪的日子，當然應該珍惜把握，沒有人相陪的日子，也要能自得自足，活出自己的一片天空。時序有春、夏、秋、冬，人生也有生、老、病、死。春天的季節，是和煦溫暖的，是充滿生機活力的，在踽踽獨行的生命中，也應該隨時開創心靈的春天，讓心中充滿愛、信心和希望。

知止就能面對憂患災難

憂患與人俱生，人生的憂患是免不了的，人的一生，無時不是處在順順逆逆之中，小順之後必有小逆，大逆之後必有大順，人生有許多的無奈，人往往不是要什麼，就能有什麼，相反的，人生經常是事與願違。財富、地位、健康、親情、友情與愛情，並不是樣樣周備的。天下事有一好，沒有二好，沒有人可以一輩子無憂無愁，平平靜靜、快快樂樂過日子。

天有不測的風雲，人有旦夕的禍福，人生很多災難、禍害、挫折、失敗，冥冥之中似有天意；人生也常常會有意想不到的財富、名譽。求福避禍，是人之常情，然而人生的種種憂患，往往是難以避免的，如天災、戰禍，人在天地間，有時真是非常孤立無助。

憂患是不可避免的，沒有經歷憂患的人，不足以言體悟人生，因為有憂患，人生才顯得多彩多姿，因為有憂患，人生才能彰顯其尊嚴、價值，我們不怕有憂患，我們只怕沒有面對憂患的勇氣，和承擔憂患的能力。

一個遭遇愈多不幸的人，會比別人享有更多歷練成長的機會。古今中外的偉人，沒有一個不是飽嚐憂患，從生命的痛苦煎熬中，提煉出來、造就出來。平靜的海，訓練不出一流的水手，只有在大風大浪中，才是磨練最佳水手的環境。

人生的可貴，在於創造和提升，成功不是與生俱來的，從無到有，從失敗到成功，是人靠自己的本事創造出來。人生不如意事，十常八九，有價值、有意義的人，不輕言放棄、不輕易氣餒，條件愈是惡劣，憂患愈是沉重，愈是能夠不屈不撓，愈挫愈勇，不斷提升自己、超越自己。沒有一個真正成功的人，是會把自己鎖住在一個目標上，人生不是只靠一張獎狀、一個獎牌，就可以一輩子心滿意足的；每一段歲月，都有每一段歲月的追求、每一段歲月的突破，人生是不斷在塑造自己、打破自己、重塑自己的循環過程。

每一個時代都是承平的時代，每一個時代也都是動亂的時代，沒有一個時代沒有問題，也沒有一個時代的問題不能解決，面對任何一個時代，我們不必悲觀，也不能樂觀，我們必須很通達的了解：小自個人，大至天下國家，沒有解決不了的問題，也沒有問題可以永遠解決。

因此，面對人生的憂患，誠如孫子所言：「用兵之法，無恃其不來，恃吾有以待之。」任何的問題與困難，逃避是不可能的，抱怨是沒有用的，我們不能期盼一輩子沒有憂患，對抗憂患最好的方式，就是增強自己承受憂患的能力。**我常認為，幸運是運氣，不幸是福氣，人的潛能，常常是在遭遇困境的時候，才能激發出來的，太順遂的人生，未必是好事，容易滿足的人，很少能有大成就。**

知止才能順應自然本性

自然是人類的良師。老了說：「人法地，地法天，天法道，道法自然。」宇宙之中有四大，而人居其一。人效法大地的無私承載，大地效法上天的無私覆蓋，上天效法大道的衣養萬物而不為主宰。

大道的運行，完全出自自然的本性。大道的偉大，在於能夠順應自然的本性，聽任萬物的自化，無為而無不為。老子崇尚自然，老子認為宇宙的運行，有一定的秩序，周而復始，循環不已，人只要法天而行，過著自然的生活，就是最真實的生活，也是最快樂的生活。

造物的偉大，是造物創生萬物，卻不造不設，無為而無不為，道好像沒有任何作為，但是萬物都是由道而生，恃道而長，實際上是無所不為。道的作為是自然而為，而不是刻意作為。自然界所以能夠維持和諧、平衡的秩序，是因為天地對萬物採取自由放任、無為而為的態度，如果天地對於萬物有太多的作為，天下必將大亂，秩序必將失調。

我們處理人生的種種問題，包括個人的養生，也應該抱持順應自然的態度。為政者政令煩苛，一定不受人民愛戴，父母管教兒女太嚴峻，子女也會反彈。隨緣自在，該如何就如何，該不如何就不如何！我們對人、對事，都不宜強求。

不是每個人都要成為政治家、文學家、藝術家……，不是每個人都能成為政治家、文學家、藝術家……，選擇所愛，愛所選擇，快樂做自己，上帝對每個人的要求不同。天道自然，人心也要自在。

《莊子．應帝王》篇：「南海之帝為儵，北海之帝為忽，中央之帝為渾沌。儵與忽時相遇於渾沌之地，渾沌待之甚善，儵與忽謀報渾沌之德。曰：人皆有七竅以視聽食息，此獨無有，嘗試鑿之。日鑿一竅，七日而渾沌死。」渾沌本來沒有竅，儵與忽為了報答渾沌熱誠招待的美意，為其開竅，結果弄巧成拙，活活把渾沌弄死了。

《莊子．駢拇》篇：「脛雖短，續之則憂；鶴脛雖長，斷之則悲。」又：

「駢於拇者，決之則泣；枝於手者，齕之則啼。二者，或有餘於數，或不足於數，其於憂，一也。」水鳥的腳短，白鶴的腳長，這是自然的本性，我們不應該強作解人，把短腳的水鳥的腳拉長，把長腳的白鶴的腳砍短。

同理，腳拇指相連的，替他割開，就會痛哭；手有六指，幫他砍斷，就會哀泣。腳拇指相連、手有六指，當然在生活上有很多不方便，但是如果有所增減造作，失其本性，反而不合於自然的正道。愛，本來是愉快的經驗，愛所以會變成負擔、壓力，主要是不得其法。愛不是自己喜歡什麼而給對方什麼，愛是對方需要什麼而給他什麼。

《莊子．至樂》篇：「昔者海鳥止於魯郊，魯侯御而觴之於廟，奏九韶以為樂，具大牢以為膳。鳥乃眩視憂悲，不敢食一臠，不敢飲一杯，三日而死。此以己養養鳥也，非以鳥養鳥也。」我們常以為自己喜歡吃糖，就以為別人也喜歡吃糖；自己討厭臭豆腐，別人也討厭臭豆腐。魯國國君用養人的方法養鳥，而不是用養鳥的方法養鳥，所以，鳥被捉之後，三日而死。

養生貴在順應自然，莊子「庖丁解牛」的故事，旨在強調「依乎天理」、

「因其固然」。世俗所謂的養生，在講求甘食美服、豪宅轎車，世人為了求得甘食美服、豪宅轎車，不惜憂勞其形體，焦苦其精神。工作是為了生活，很多人為了工作而犧牲生活，工作一百分，生活不及格。

人生真正的快樂，不是來自物質的享受，而是精神的愉悅。「形勞而不休則弊，精用而不已則勞。」自由的生活才是最幸福的生活，不貪無求，才能得到真正的自由。人一有了功利、實用的目的，就會有得失的心理、善惡的分辨，人的心志就雜多而繁雜，便不能自得自在。

人生有許多的束縛，人的生死、得失、是非、善惡，都不容易看得透、跳得過，所以人生充滿煩惱與痛苦。養生貴在順應自然，凡事能夠隨緣自化，不忮不求，不刻意作為，以不變應萬變，忘記對形體的執著，捐棄對官能的妄作，任真自然。連自己都忘了，還有什麼不能忘的，連生死都看破了，還有什麼看不破的。

知止就能了悟半半就好

清朝李密庵寫了一首〈半半歌〉：「看破浮生半百，半生受用無邊。半殘歲月盡悠閒，半裡乾坤開展。半郭半鄉村舍，半山半水田園。半耕半讀半經廛，半士半民姻眷，半雅半粗器具，半華半實庭軒；衾裳半素半輕鮮，肴饌半豐半儉。童僕半能半拙，妻兒半樸半賢。心情半佛半神仙，姓字半藏半顯。一半還之天地，一半讓將人間。半思後代與桑田，半想閻王怎見。飲食半酣正好，花開半時偏妍。帆張半肩免翻顛，馬放半韁穩便，半少卻饒滋味，半多反厭糾纏。自來苦樂半相參，會占便宜只半。」

這首詩是作者年過半百之後，對人生的體悟，與元曲道情的風格相似，都是勸世閒適沖淡之作。「半裡乾坤寬展」，強調人生半半就好。中國人的傳統觀念，不走極端，不喜歡偏鋒，「話不說盡，事不做絕」，「話到嘴邊留三分」，「人情留一線，日後好相見」等等都是。

作者在這篇詩中，所表現的是無過無不及的中庸之道，生活的條件，不是太優渥，也不是太貧困，是「半郭半鄉村舍，半山半水田園」，「半雅半粗器具，半華半實庭軒」，他的生活是「半耕半讀半經廛，半士半民姻眷」，「衾裳半素半輕薄，肴饌半豐半儉」，他的家庭是「童僕半能半拙，妻兒半樸半賢」，他的心情是「半佛半神仙」，聲名姓氏也是「半藏半顯」。

俗話說：「是非總因強出頭」，「人怕出名，豬怕肥」，作者既擔心後代子孫的賢不肖，以及家中的田地財產，也煩惱生命終結的時候，怎麼面對閻羅王？作者體悟到凡事偏了就不好，酒喝半醉，花開半時，留有餘地，美景可待。人生的好處，不要急於享盡，細水長流，才能綿延不絕。船帆半張，才不會翻顛，馬韁不要拉太緊，才會穩定。凡事沒有過盛、過旺、過壯，才有餘味回憶，太多、太過，暴飲暴食，反而厭膩傷身，所以，作者的結論是「百年苦樂半相參，會佔便宜只半。」**人生不必太計較，即便想佔人便宜，也只得一半而已。**

其實，人生的苦樂，原無一定，全看自己如何去對待。老子說：「禍兮福之所倚，福兮禍之所伏。」禍福是相倚相伏，快樂與痛苦也是如此，沒有失敗過的人，怎能體會成功的滋味？隨緣自在，凡事不必強求，痛苦往往來自欲望的不滿足，減少對欲望的追求，人生就會活的很自在、很快樂。

人生半半就好，告訴我們要懂得節制，要有度，也就是要知止。物極必反，盛極則衰，老子說：「損有餘，補不足，天之道也。」戒之，戒之。

知止就能感受歡喜彌勒

知止的人才會不貪，不貪財、不貪名、不貪情欲；知止的人才會知足常樂，大肚能容，像彌勒菩薩一樣，笑逐顏開，令人喜愛。

我年過六十，前額的頭髮已光禿，人過中年也有一點肥胖，圓滿的臉，因為愛開玩笑，常是笑口迎人，於是有學生戲稱我像彌勒佛，我不知道自己像不像彌勒佛，我卻真的對彌勒佛情有獨鍾，在我研究室的書桌前面，放置了大大小小十幾尊彌勒佛像，有木雕、有石灣陶、有大陸紅泥、有壽山石、有象牙雕、有骨角雕、有銅鑄、有琥珀雕件，琳琅滿目。每天坐在書桌前，就和這十幾尊彌勒佛，面面相覷；讀書本來是件很寂寞的事，因為有這些佛像相伴，竟也十分熱鬧，洋溢許多生活的情趣。

彌勒佛又稱歡喜佛，他之所以討人喜歡，是因為祂那肥胖的身材，挺著大肚，笑口常開，沒有一個人看到彌勒佛的笑臉，而不跟著笑起來的。笑，表示歡樂，表示欣喜，一個心裡充滿愁苦、怨恨、憤怒的人，是笑不出來的，只有心裡坦然安適、自得自足時，才能從內心發出真實的歡笑。

笑有很多種，像傻笑、苦笑、奸笑、皮笑肉不笑，都是不正常的、不健康的、不友善的，有的是出於無奈、有的是別有居心、有的是不真實，不只笑的人不快樂，別人也不能引起快樂的共鳴。笑，原是快樂的表徵，就像傷心時會流淚。哭與笑，應該都是誠於中而形於外，可是我們也會看見形於外而不誠於中的哭和笑。

彌勒佛的笑，所以會令我們發自內心的敬愛、喜悅，最主要是祂笑得很誠懇、很真實。我見過的彌勒佛的笑，不管造型如何，沒有一張是虛情假意的。所有的造型，彌勒佛是憨厚的長者，祂是誠心誠意祝福世人，要帶給眾生歡喜的；祂是不是能承擔眾生的痛苦，我不知道，但是看見彌勒佛的法相，自然就會產信心、產生力量，雖然人生不免有許多的苦難，但是總會過去，何況在苦難發生的同時，歡樂也是相伴而來。

在我的收藏品中，彌勒佛的笑，有許多的造型，有的是開懷大笑，如果聽得見，一定是笑聲爽朗， 副悟道、體道的自得自適情懷；有的是仰天而笑，笑盡人間俗世的貪、瞋、痴；有的是慈祥而笑，面對眾生的悲苦，充滿安慰與同情，有的是頷首而笑，像是傾聽眾生的訴說、祈求之後，頻頻點頭微笑說：「我知道了，我知道了。」而最令我感動的是那尊石灣陶彌勒佛像，張咧著嘴巴，彷彿發出嘿嘿的笑聲對我說：「小子，不要太得意，也不必太失意。」

記得以前曾在一座寺廟裡，看見供奉著一尊彌勒佛像，大廳兩側的柱子上寫著一副對聯，右聯是「大肚能容，容天容地，於人無所不容。」左聯是

「開口便笑，笑東笑西，凡事付諸一笑。」當時因好奇，隨手便記了下來。事隔多年，我還記得大紅柱子上挺拔有力的墨蹟，每次的吟詠，都覺得滋味無窮，以為其中寓有很深的哲理。我很佩服作這副對聯的人的才學，他不僅把彌勒佛的特徵，描繪得維妙維肖，呼之欲出，而且對人情世故也極為洞達了悟。

「凡事付諸一笑」的人生觀，我個人則不敢苟同，能夠「開口便笑」的人，當然是極有智慧的高士，至少已把塵世的禍福、得失、名利、地位，完全看透徹悟，在芸芸眾生之中，超然度外，與世無爭。可是，我們都是活在塵世之間，因此，一切的悲苦與歡樂，沒有任何人享有專權；要或不要，做為一個人，很多時間是不能自已的。而且，人生的可貴，往往就在這些明人眼裡的煙雲塵土，得意、失意、成功、挫敗。順逆兩境，在人生的汪洋大海中，此漲彼落，一波又一波，層層而疊起，只要是活生生的人，便註定載浮其中。

笑是健康，哭也是健康。樂事固然應該哈哈大笑，苦事不妨也放情一哭，等到哭夠了以後，擦乾眼淚，然後又勇敢地迎接新來的挑戰，正如哈哈大笑之後，也要冷靜下來，以免得意忘形，樂極生悲。該笑的時候，當然要放聲大笑；該哭的時候，也不必強抑悲愁。我們應該正視人生，人生有苦有樂，有悲有歡，不能「凡事」便「付諸一笑」，因為這種人，並非真正把世事看開，而祇是把世事看破；心灰、意冷、消極、頹廢，勉強擠出的苦澀笑臉，是無可奈何的態度，而非豁達超脫的心境。人生百態，處在歡樂的順境，固然是幸運；處在悲苦的逆境，也不必憂傷，快樂之道，並不是「凡事付諸一笑」，而是學習忍耐，學習寬容。

彌勒佛之所以能夠笑得很開心，不是因為「開口便笑」，而是因為「大肚能容」。江海不擇細流，故能成其大；泰山不捐砂石，故能成其高，一個氣度狹小的人，既不能容人，也不能被人所容；這種人甚至不能容忍自己，處處與自己過不去，這種人一定笑不出來。古代的宰相，貴在一人之下、萬人之上，日理紛冗的朝政，當然要有寬恕的度量，才能顯出泱泱大國的典範，所以古人說：「宰相肚裡能撐船。」宰相肚裡並非真能撐船，同理，彌勒佛的大肚，也並非真能容納天地。

器皿裝物，盈滿則溢；器大則所能容納的東西便多，器小則所能容納的東西就少，我們形容性情鄙吝的人叫「小器」，君子為人則坦坦蕩蕩，不是一器一物所能限制。所以《論語．為政》孔子說：「君子不器。」君子的器度，正是「容」字的最高表現。人不是神，不能成為彌勒佛，但是人人可為君子。

人生數十寒暑，有的人生活得很快樂，有的人生活得很痛苦，其間的關鍵，在於能忍不能忍，能容不能容，我們若要享受快樂的人生，先要培養寬厚的氣量，像雍容大度的彌勒佛，永遠開懷大笑，永遠令人歡欣。

知止就能享受快樂自在

我常常喜歡在街上漫步，我眼睛的焦點，不只注視百貨店櫥窗的美麗衣飾，或琳琅滿目的物品，最令我新奇的是來來往往的行人，每一張不同的臉孔，每一個不同的表情，有的人行色匆匆，趕著上班、上學、約會、購物，有的人則十分悠然自得，像是擺在他們的手中，可以快，可以慢，隨心調撥。

相由心生，怎麼樣的心情就會反映出怎麼樣的表情。為什麼有些人滿心歡樂，為什麼有些人滿臉愁苦，這是我時常思索探討的問題。我發現，想得開的人就很快樂，想不開的人就很痛苦。人生實在沒有什麼好計較的，也沒有什麼好爭求的。**人生要計較、要追求的事，可以說是無窮無盡，走過千山萬水，前程又是萬水千山，如果我們對每一件事、每一個人都要求全責備，人生將是非常的痛苦。**

當然，我並不是主張糊塗過生活，對任何事、任何人，我們都不必計較，而是該計較的時候計較，不該計較的時候，不要斤斤計較。心胸寬厚的人，是真正有福氣的人。「施比受更有福」，一個吃虧的人，不必抱怨自己被人佔小便宜，應該慶幸自己有能力被人佔便宜。平常喜歡佔別人小便宜的人，終將要吃大虧，而經常佈施、救濟別人的人，一定會有福報的，真正快樂的人，是捨得、施得的人，而不是求得、貪得的人。

其次，我認為勇於盡責的人是快樂的人，逃避責任的人是痛苦的人。責任與人俱生。人當然先要求生存，才能談生命的價值和尊嚴，生存是很簡單的事，一點點食物，一點點水，人就能夠活命，但是人生的意義，不只是活著而已，而且要有豐富的生命，要能成就自己，造就別人，己立立人，己達達人。

這就是人生的責任。每一個人都不應該只是來享福的，應該也是來播種福田、開創福業，每個人的福慧不同，責任不同，凡是能盡心盡力，開發生命的潛能，造福人群的人，一定是俯仰自得、問心無愧的快樂的人；反之，一個規避自己責任的人，捫心自問，忐忑不安，必然深受痛苦的折磨。

再者，我認為肯面對現實的人是快樂的，不敢面對現實的人是痛苦的。現實的人生與理想的人生，必有很大的差距，在現實的生活裡，當然有許多的困難、困苦，許多棘手的問題，不是輕易就能解決的。

同時，理想愈高遠，目標愈宏大，所會遭遇的阻力和逆境，必然愈多、愈難，就像行遠路的人，沿涂碰到紅燈機會就愈頻繁。不管問題再難、再多，只要有決心、有毅力，必能逐一處理，熬過層層疊疊的難關和困境，柳暗花明，陽光展現；辛苦的代價，一定是欣賞的回報。

至於空懷理想的人，整天做白日夢，沒有勇氣面對現實的困難，沒有能力解決現實的困難，沒有勇氣解決現實的挑戰，懦弱畏怯，自暴自棄，當然十分的愁苦。

追求幸福快樂的人生，是每個人的共同願望。我們每天眼睛一張開，從早忙到晚，汲汲以求的，就是希望過著快快樂、平平安安的生活，可是，很遺憾，很多人並不知道怎麼樣才能得到快樂？也不知道甚麼是真正的快樂？有一首佛家的偈語：「到處尋春不見春，芒靴踏遍嶺頭雲。歸來笑拈梅花嗅，春在枝頭已十分。」快樂原來是不假外求的。

我國古代聖人人孟子曾說：「欲貴者，人之同心也，人人有貴於己者，弗思耳！人之所貴者，非良貴也，趙孟之所貴，趙孟能賤之。」一般人所謂的富，是指財富；所謂的貴，是指權貴。世俗的富貴，是得得失失，來來去去，並不是持久永恆的。我們可以從世俗的富貴，得到一時的、短暫的滿足和快樂，可是卻不能常久不變，因為有錢的人，希望更有錢，做官的人，希望做更大的官，在永無止境的追求中，痛苦多於快樂，失落多於滿足。

一個人財富的獲得，不全是來自個人的努力，有時是要靠運氣。有人一夕之間成為億萬富翁，有人一夕之間傾家蕩產，窮苦潦倒。一個人權貴的獲得，也是如此。長官的器重與否，固然要看自己的表現如何，但是也不全是看自己的表現。

精神生活和物質生活，是人類生活兩大主體，一個人生命是否和諧美滿，充實物質生活，固然很重要，但是提升精神的生活，更為重要。快樂之道，如果建立在物欲的追求，是很危險的，本來是「求福辭禍」，結果可能卻是「求禍辭福」，我們一般人眼中的大富大貴，是指賺很多錢的人、做很大的官的人，其實，真正的富貴，並不是指看得見的錢財聲勢，而是內在生命的富足寬厚、愉悅舒坦。做人求其心安而已。一個俯仰不怍、問心無愧的人，頂天立地，氣象干雲，才是最富足、最尊貴的人。

從前有一個貧窮的哲學家躺在大樹下沉思，尊貴的君王走到他的面前，驕傲的說：「哲學家，我能幫你什麼忙嗎？」哲學家回答說：「你唯一能幫的忙，就是請站開一點，不要遮住我的陽光。」人到無求品自高。一個人不求於人，是最尊貴的人；一個不取於人的人，是最富足的人。知止、知足，才能享受快樂自在。

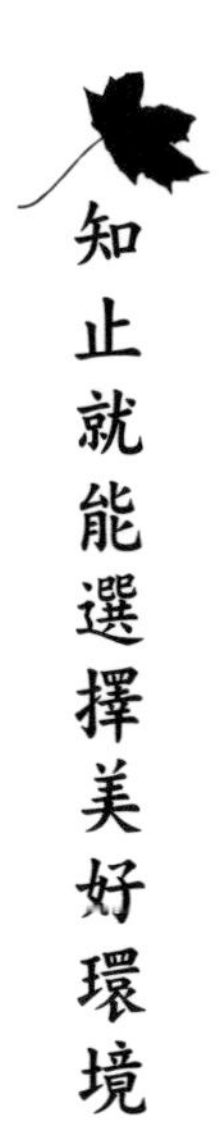

知止就能選擇美好環境

「邦畿千里，惟民所止。」這是《詩經．商頌玄鳥》篇的詩句，意思是說千里之大的王者之都，是老百姓居住的地方。一般而言，老百姓總喜歡選擇群居的生活，可以彼此互相照應提供生活的必須品，不必一個人自己又要打獵，又要種田，又要蓋房子，尤其是在都會裡生活，資源豐富，資訊便捷，工作機會多，當然是一般百姓最喜歡的居住環境。

選擇住家環境是很重要的，孟母三遷的故事，告訴我們環境對孩子的學習密切關係。孟子一家，原來住在墳地附近，孟子整天就跟其他孩子嬉鬧祭拜的事；後來搬到菜市場附近，孟子就學如何殺豬、賣菜；最後搬到學校附近，孟子才開始專心求學，成為著名儒者。

我們要投資買房子，有經驗的人一定會提醒我們，一定要買好地段的房子，才會漲價賺錢。「風生水起好運來」，好風水的房子，山明水秀，空氣流通，陽光充足，交通發達，購物方便，自然是商人買家必爭之地。

《論語．里仁》篇：「子曰：里仁為美，擇不處仁，焉得知。」住家鄉里有仁厚之俗為美。不管是住高樓大廈或公寓或別墅或社區，如果遇到惡鄰居，整天惹是生非，而不能敦親睦鄰，互相友善關注，一定十分痛苦不悅。選擇好鄰居和選擇好地段，一樣的重要。

選擇住家，要選擇好地段和好鄰居，這是選擇住家的智慧，我們選擇工作，購買衣物，一樣要有知止的人生智慧。「男怕選錯行，女怕嫁錯郎。」選擇工作要有自知之明，一定要量力而為。很多人眼高手低，坐一山望他山，不清楚自己的性向與能力，只求「錢多、事少、離家近。」喜歡的工作，不一定能勝任，能勝任的工作，不一定喜歡，經常做一行，怨一行，內心不能安定下來，怎麼能專心、安心、熱心工作呢？不能專心、安心、熱心工作，又怎能有好的業績、好的成就呢？

我們購買衣物，往往貪小便宜，見一件、愛一件，愛一件、買一件；一件三百元，兩件五百元，於是一口氣買了好幾件。我們想要的很多，我們需要的不多。衣櫃的衣服，經常換穿的都是那幾件，有些衣服，一年難得穿上一、兩次，因為貪念、因為不知止，就會有很多的浪費。

總之，不管是選擇住家，或是選擇工作，選擇衣物，一定要知其所止。適合自己的生活，才是最好的生活。為了居住豪宅，每個月要負擔沉重的房貸，造成沉重的生活壓力，並不是聰明的抉擇。為了去賺更多的財富，夜以繼日的加班工作，傷了身體的健康，也是不智之舉。穿在別人身上很合適美觀的衣服，未必也適合不同年齡、不同體型的人。我們做任何一件事情，都要有自知之明，要有知止的人生智慧。

知止才能增進養生健康

大家都希望過好生活，好生活不只是擁有很多錢、好的名聲、幸福的家庭，更重要的是健康的身體、快樂的心情。生命的存在，是第一要緊的事，命沒有了，再多的財富有什麼用？親情、友情、愛情，都失去意義。生命的存在，不只是一息尚存而已，是要活得健康、活得快樂。一個人要活得健康、活得快樂，最重要的是要注重養生。

每一個人的身體，像一部機器，機器要持久耐用，不容易發生故障，平時一定要注意保養，人的身體也是如此。不過，身體的保養，包括養身與養心，不只是保養外在的形體，也要保養內在的心靈。

中國自古就非常重視養生之學，最早一部講養生之學的書是《黃帝內經》，此書不是黃帝所著，而是戰國至兩漢的學者、醫學家的共同創作。《黃帝內經》最早見於《漢書藝文志．方技略》，有《黃帝內經》十八卷記載。〈上古天真論〉一篇，假借皇帝與太醫岐伯的對話，討論上古之人「春秋皆度百歲，而動作不衰」，「今時之人，年半百而動作皆衰」的原因。岐伯說：「上古之人，其知道者，法于陰陽，和于術數，食飲有節，起居有常，不妄作勞，故能形與神俱，而盡終其天年。」「今時之人不然也，以酒為漿，以妄為常，醉以入房，以欲竭其精，以耗散其真，不知持滿，不時御神，務快於心，逆于生樂，起居無節，故半百而衰也。」簡單的說，上古之人懂得養生之道，順應天地萬物自然之理，起居正常，飲食有節度，不任意勞動，形體和精神都是健壯旺盛。後代的人放縱情欲，虛耗精力，飲食起居不規律、不正常，沒有節制，日夜生活顛倒，免疫系統失調，當然就容易生病，未老先衰。

《大學》：「天命之謂性，率性之謂道，修道之謂教。」作者有個學生自稱很率性，我問他如何率性？他說他想吃就吃、不想吃就不吃；想睡就睡、不想睡就不睡。我說這不是率性而是任性。率性的真意是該吃就吃，不該吃就不吃；該睡就睡，不該睡就不睡。率性是順性而不是任性。很多人誤解任性為率性，所以生活起居不正常，任意隨興，「以妄為常」，當然就很難有健康的身體。

任性容易，忍性難。現代的社會，充斥各種的誘惑，五色、五音、五味，令人眼花撩亂，意亂情迷，難以自制。古人說養生，所謂「精神內守」、「腎氣長存」，就是要我們保養先天賦予的真元、真氣，不使之妄泄，因為人生的長短衰老以及壽夭變化，都決定於真元、真氣的盛衰盈虧，如果生活過度奢華糜爛，飲食、情慾無度，就會深重影響身體的健康。

病從口入，對於不同的體質，有不同的飲食禁忌，一般而言，太油、太鹹、油炸、燒烤的食物，都要有所節制，只能淺嘗輒止、適可而止，不可以貪得無厭、恣意飽足。現代人的文明病，大多起因於膽固醇太高、血脂肪太高，不只造成心臟、血壓等疾病，也是肝臟、腸胃的剋星，以及各種癌症的肇因。

止學不只是一個人立身處世，行世、出處、進退的重要學問，在養生方面，也有重要的意義和價值。預防重於治療，現在醫學教育，非常重視預防醫學，強調如何靠抗氧化、抗老化，加強免疫系統功能，除了注重飲食起居的規律正常，也要講求精神方面的保養。知止的研究，包括知其所止、止其所止、止止不止，才能不貪；能知止，才能有變；能知止，才能節制。

所謂不貪，是不貪名、不求利，不貪生、不怕死，不貪飲食，不貪情欲。老子說：「吾所以有大患者，為吾有身。」我們因為有一個臭皮囊，整天要吃要喝，追求無度，即便可以隨心所欲，滿足各種口腹之欲、情欲之思，也會因為不知節制，而傷身害性，何況大半的時候，事與願違，無盡的慾望，不能逐一實現。欲望的追求，遇到挫敗，便會失落、痛苦，煩惱不堪，心靈受到嚴重傷害。心理的健康，強調不貪無求，恬淡閒適，知其所止，止其所止。

人為萬物之一，大自然的運行有一定的規律，人也要配合大自然的規律，不可違逆背離。所謂正常的生活，就是自然的生活。四季的變化，日夜的更迭，有其不變的常軌，論及養生，當然一定要順應自然。

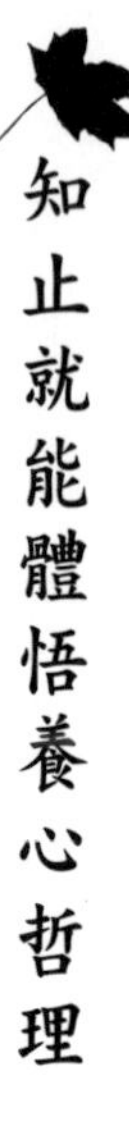

知止就能體悟養心哲理

我們都希望在生活中有歌、有詩，在生命中有愛、有美，但是在現實的生活中，我們總有許許多多各式各樣的煩惱、痛苦、焦慮、急躁，我們常常被放置在充滿貧乏、恐懼、不安的環境中。物質的滿足，只能帶給我們一時的、短暫的欣慰，人只有從精神上得到徹底的解放，才能解決人生所有的困擾和問題。

老天決定我們的命運，自己決定自己的生活。快樂是自找的，痛苦也是自找的，禍福自取。很多人一方面在作使自己痛苦的事，一方面抱怨人生沒有快樂。我們要享有健康的身體，先要享有健康的心靈。

健康之道，包括生命安全、生活安定、心靈安祥三個方面。生命安全，才能免於恐懼；生活安定，才能免於貧乏；心靈安祥，才能免於不安。歸結而言，人生最重要的是求得一顆安定的心，有一顆安定的心，就不會有恐懼，就不覺得貧乏，所以，養生重在養心。

要獲得人生的安樂，要從心出發。知止的修養，就是在求得一顆安定的心，內心安定，人生才能安樂。現實世界種種的問題，總結而言，其實是人心的問題。沒有健康的心靈，就沒有健康的身體；沒有健康的個人，就沒有健康的社會。

人心之壞，由自己壞起。我們把每個人都想成壞人，世界就沒有好人了，而把別人想成壞人的自己這顆心，是不是對了呢？一顆健康的心，是凡事都從正面的、積極的、樂觀的角度去看待；一個心靈健康的人，是凡事都能主動、活潑、樂觀、開朗的去探索，追求人生的光明面。好奇心與高昂興致是年輕的象徵，也是健康的象徵，包括生理的健康和心理的健康。

人生雖然有很多不如意的事，但也有很多順心快意的事，苦樂得失，是非、禍福，原是一體兩面，我們要心平氣和的等待每一件令我們快樂或不快樂的事，因為不管是快樂或是不快樂的事，都是過眼雲煙，一切都會成為過去，得意或失意，都是短暫而不持久，我們不會抱著小學得到的獎杯，一輩子沾沾自喜，時間不停留，歲月不倒流，我們不會一輩子活在嬰兒期、或是少年期，我們天天與時俱進。每天在心靈的角落都會有一些新的萌芽。

追求人性之真、人心之善、人生之美，是每個人心中的理想，我們不必為將來的事而無謂的煩惱，明天自有明天的憂慮，一天的好處，一天承擔就夠了。人貴通達，平常心是道，不要鑽死胡同，要能入也要能出。一個完全入世的人，不免會受到五欲、六塵的汙染；一個完全出世的人，不能與世俗往來，也註定漂泊無根、空自流轉。

本性自足，只是人不自知而已。養心不必外求，「仁遠乎哉？我欲仁，斯仁至矣。」我們常常「道在邇而求諸遠，事在易而求之難。」捨本逐末，本末倒置。孟子說：「學問之道無他，求其放心而已。」求學之道，在於把放散的心收回來，養心之道也是如此。**養心必先安心，安心則能心安。形貌安詳的人，會發出自然的光輝。**

知止就能熱心行善佈施

知止的人，知道人生是有限的，每個人只有一點點的力量，只有互助合作，同心協力，大家才都能享有美好的生活。在天堂和地獄的世界裡，每個人吃飯的筷子都很長，在天堂的世界，我為人人，人人為我。每個人把菜夾給對方，每個人都吃得很開心。在地獄的世界，每個人只為自己，長長的筷子怎麼樣也夾不到菜到自己的碗裡。

一個人從出生到老死，無時無刻不在接受別人直接或間接的照顧與幫助，我們吃的米，不是自己種的稻；我們穿的衣，不是自己織的布；我們住的屋，不是自己一磚一瓦砌成；我們行的車，不是自己一釘一鎚造成。我們生活中，一切的日用品、食品、書籍、資訊、文化……都不是自己獨力做成。我們從小到大，受了父母的呵護、親友的關愛、老師的教誨、長官的提攜，所以我們才有能力在社會上做個有用的人，成就一番事業，沒有一個人是只靠自己的本事，就能站起來的。

人類的社會，是一個互助的群體，人與人之間，有著相互依存的密切關係，每一個人生存在這個社會上，不應該只是一個消費者，同時也應該是一位生產者。在生產與消費之間，並不一定成反比，有的人生產能力多於消費能力，有的人消費能力多於生產能力，無論如何，人生的責任，是盡其所能，為別人服務。

人生是沒有什麼好計較的。在沒有生產能力、服務能力的時候，只能接受別人的服務、別人的生產；一個生產能力很低、服務能力很低的人，也得由那些能力強的人多擔待、多付出。人並不是付出多少，就要馬上要求回饋多少，人什麼時候要付出，什麼時候要索取，往往不是自己可以料到的。一個人對另一個人的幫忙，可能在很久以後才有回應；一個人幫了另一個人，而卻從第三者得到了幫忙，人的關係是很複雜的。

樂於助人的人是有福的。我們每做一件善事，就像是在銀行裡存了一筆錢，我們幫助別人愈多，我們在人生的銀行，就有愈多的存款。零存整付，在我們有困難、有危急的時候，自然就會有很多人樂於來幫助我們。如果我們存了一筆錢，就用一筆錢，銀行帳戶永遠都是空的；如果我們每做一件好事，都要立即索取回報，我們在人生銀行的帳戶，永遠也是空的。

知止就能盡力服務助人

知止的人，體認生命的價值，不在於得到多少，而在於付出多少，服務愈多的人，是能力愈強的人。知止的人，也知道人生的苦難是難免的；助人為快樂之本，我們在助人的同時，就忘了自己的痛苦。

服務就是學習，服務也是能力的肯定。沒有一個人天生就有很多本事，人的能力都是在學習中增進的，一個肯付出的人，一方面因為他有能力他才能付出，一方面在他付出的時候，又增長新的能力。人活著不只圖個飽暖而已，人生的意義，是一個人能覺得這個世界因為有他的存在，而更為圓滿美好，是一個人能肯定自己存在的價值，在這個世界上，他不只是消費者，同時也是生產者。

人的存在，不只是一種權利，也是一種責任，人生以服務為目的。人生的真諦，一方面是修養自己，一方面是服務別人。修養自己的意義，就是不斷鞭策自己，惕勵自己，追求進步，追求卓越。一個人停止腳步，就逐漸老化，人的老化，不只生理會老化，心理也會老化，人生最可怕的就是缺少鬥志。

學是為了用，古人學而優則仕，做官並不是為了貪圖個人榮華富貴，而是為了學以致用，以學問濟世，所以孟子主張「憂以天下，樂以天下。」范仲淹強調「先天下之憂而憂，後天下之樂而樂。」都是抱持以天下為己任的胸襟和氣度。文王視民如傷，孔子食於有喪者之側則不飽，子於是日哭則不歌，宋代大儒張載所謂「為天地立心，為生民立命，為往聖繼絕學，為萬世開太平。」都可見古代聖賢的偉大懷抱。

人的價值，要在人群中才能獲得肯定，一個有愛心、有耐心，肯奉獻犧

牲的人，才能獲得大家的尊敬與愛戴。一個只關心自己的人，有誰去關心他呢？儒家思想主張「己立立人，己達達人。」佛家大乘也是不要人只做自了漢，而要立志普渡眾生。

自己做好事是好事，幫助別人做好事也是好事，成功不必在我。如果每一個人只把自己所做的好事，才當作好事，一個人一生中能做到的好事，實在不多，我們要有樂於助人的心，幫助別人完成更多的好事，我們要把行善的心，擴大其影響，每個人都有助人的心、愛人的心，我們的社會就會一片祥和，而不會有暴戾、狂亂的事。

談到快樂，是大家朝夕以求的。俗話說：「眉在眼前常不見，道非身外更何求？」快樂之道，全靠自己去體認，只要能以超然的心境，通達自適，自然能從現實的悲苦之中，超脫出來，而最為重要的，是要能夠本著服務的熱忱，盡心盡力幫助別人。在幫助別人的過程中，忘卻自己的痛苦，並且獲得無限的欣慰、快樂。

知止就能學習尊重體諒

知止的人，知道世界上沒有十全十美的人，每個人都有一些優點，也有一些缺點，只是有些人長處多一點，有些人短處多一點。「金無十足，人無十全。」知止的人，學習到對人的尊重體諒。

我們人類雖然自稱為萬物之靈，但是我們也只是萬物之一，我們並不是宇宙的主宰、天地的主宰、地球的主宰，我們與其他的動物、植物、山水一樣，都是老天的子民，我們實在沒有什麼值得驕傲尊貴；在爾虞我詐、強侵豪奪的人類社會行為之中，愈見人的貪婪、自私、卑劣、低賤。只有在人與人之間、人與萬物之間，互相尊重、互相協和，和平與安定的相處，人才能彰顯其尊嚴和價值。

每一種生物都有屬於他們生存的時空背景，不應該相互干擾、傷害；我們人類沒有特別優厚的條件，沒有特殊的權利，去破壞宇宙自然生態的平衡生存和發展。人來自自然，終將回歸於自然，人類個體的生命和群體的生存，一如其他的生物一樣，只是長長短短的過客而已。

老天是很公平的，凡物有一長，必有一短。我們不是最聰明、最有氣力，或能高空飛翔、海底游生的靈類動物。面對高山、大海，人才會自見卑微；關起門來孤芳自賞的時候，人就不自力量，自以為神通廣大了。

以前我常告訴學生，任何人不管智愚、美醜、富貧、貴賤，人人都要學會兩件事，一是學習尊重自己，一是學習尊敬別人。現在我則認為人對自己生長的環境，以及和自己共存的一切生態，也要同體共悲，不得任意踐踏、迫害。

我們對自己生命，只有使用權，而沒有所有權，生生世世，生命在輪迴轉化。在恩恩怨怨、得得失失的人情世界裡，看似偶然，其實都是必然的；勤耕福田，才能有善果、福報。

一個人要得到別人的敬重、喜愛，先要能敬重、喜愛自己，自重則不為人所輕，自輕則不為人所重，一個不看重自己的人，如何能被別人看重呢？

人生最重要的事，就是當家作主，做自己生命的主人，而唯有真誠、負責的人，才能真正當家作主，做自己生命的主人。人是向自己負責，先要做好自己的本分，才有能力去幫助別人。

人的一生，不是靠自己就能成事的。我們吃的米飯、穿的衣服，以及住房、坐車等等，都是無數人的努力奉獻。**人生的成就，不在於得到多少，而在於付出多少，付出愈多的人，成就愈大**。當然，自己是自己生命的主體，自己是「一」，家庭、事業、社會服務……都是「一」後面的「零」；有了「一」，後面的「零」才有意義，沒有前面的「一」，後面再多的「零」，便全無意義了。

知止就能放下此身我執

人生是很脆弱、很無奈的，人對自己的生死、疾苦，常常身不由己。在人的一生之中，雖然有些時候、有些事，是自己能作抉擇、能作決定，但是多半的時候、多半的事，實在是冥冥之中，自有定數，非人力所能作為。古人常說：「長恨此身非我有。」的確，我們對自己的生命，只有使用權，而沒有所有權。

我有一位長輩的朋友，家住新莊，不幸已經過世。他身前是中華民國樹石協會理事長，姓林，寫一筆硬挺的好字，喜歡樹石盆栽，與楊英風、朱銘是好友，家裡有很多珍藏。有一天我陪我的長輩去探望他，當時他已七十高齡，中風，不良於行。這位林先生很高興我們到訪，特別從床底下拿出一把紫砂壺，讓我們玩賞，說是他小時候在大陸，他的一位長輩送他的，這麼一推算，應有數十年，甚至百年的寶貴，我看了之後，非常羨慕。林先生說：「老弟，你不要羨慕，這些東西都是老天借我玩的。」是啊！人生有什麼東西，是能跟自己一輩子呢？

林先生豁達的心境，令我有所體悟。不只沒有什麼東西，能跟著我們一輩子，也沒有任何人能跟著我們一輩子，父母、夫妻、兒女、朋友，全都是或長、或短的陪伴我們生命的人。人生好比坐火車，有人先上車、有人先下車，先上車的未必先下車，後上車的也未必後下車，而同坐一車廂的，就是我們的父母、夫妻、朋友，以及許多不熟識的人。

古人鑒於人生苦短，人世無常，而有秉燭夜遊的主張；十年前九二一集集大地震之後，也有不少國人看透天災的可怕，生命的脆弱，而不再汲汲於名利，提早做退休的生涯規劃。

我常告訴學生，人生最重要的是要有一顆安定的心，做人、做事都要能坦然而安、問心無愧。以前以三十年為一代，後來以十年為一代、五年為一代，現在則更是日以千里，變化之快、之多、之大，實非一般人所能承擔、接受、適應、調整。因為處在這麼快速變化的時代與社會，而適應不良，而產生各種生理、心理疾病，如心臟病、高血壓，胃潰瘍、憂鬱、失眠、食慾不振等等，成為現代人的通病。

佛家講空觀、禪定，目的是要能放、能忘。心無罣礙，才能無有恐怖，才能遠離顛倒夢想。人生的存在，有種種的限制，人是被放置在經常充滿貧乏、恐懼、不安的環境之中；人要如何才能免於貧乏？免於恐懼？免於不安？人在物質方面的努力，只能解決一時的問題、一部分的問題，人無法從物質方面，解決所有的人生問題。人只有從精神上得到完全的解放，才能從根本上解決生命的種種困惑和疑慮。

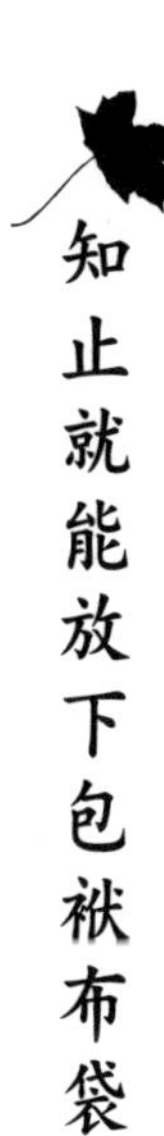

知止就能放下包袱布袋

我有很多尊布袋和尚琥珀雕件，大大小小，形制各異，但是都有一個共同特點，就是背上背著，或是手上提著一支布袋。布袋和尚是許多人的最愛，尤其是做生意的人，敬供如神明，因為祂是財神爺，布袋裡裝的是金銀珠寶。其實布袋和尚和彌勒菩薩都是同一類型，圓通通的臉，圓通通的肚，一身慈悲歡喜的法相，令人又敬又愛。

布袋和尚、彌勒佛，說是財神爺，不如說是歡喜佛更貼切。因為財富不一定使人快樂，快樂才是真正的財富。**錢雖然可愛，可是錢並不是人生唯一的可愛**。人生的需求是多方面的，金錢所能滿足於人的，只是其中之一，人在不同的階段，有不同的需求，但是人在吃飽喝足、衣食無缺之後，物質的追求，不再是很多人關切的目標，自由、愛、被尊重、自我實現……，精神層次的願望，往往才是許多人努力的夢想。

人的願望是多方面，西方的聖誕老公公，他背包裡裝的是玩具、糖果、禮物，以及孩童的夢想；我們布袋和尚的行囊，不應該只有金銀珠寶，還包括健康、美麗、友情、愛情、事業……等等，所有人生的願望。

「布袋，布袋，放下布袋，何等自在。」布袋象徵人生的包袱、人生的負擔。人生有許多的包袱、負擔，放下了包袱、負擔，就像莊子所說「懸解」，把一個倒掛的人放下，那當然是件很快樂的事。人生的包袱，常常是來自自己太多的追求。人常常給自己畫下的框框卡住了，人也常常不自量力地給自己太多的期許和壓力。

平安就是福，快樂是內心的自足。有一年的春節團拜，我問我的一位老師，這一年我該注意什麼？我一個人在台北過日子，是要有很多小心的地方。沒想到老師說：「正常過生活就好了。」是啊！那有什麼比「正常過生活」更要注意的事？一個能正常過日子的人，那還需要小心什麼呢？一個人不是只過自己想過的生活，而是過自己該過的生活。

人生貴在自得。當我們能消除對生活完美的追求時，我們就能夠發現生活本身的完美。我們每一個人應該認識而且接受這個不完美而真實的自己，而且同意每一個人都是不一樣的。學習如何看重自己、尊重別人，是人生的第一課。

知止就能放下恐怖罣礙

我們常有一顆不安定的心，心多罣礙、心多恐怖。我們到底在怕什麼呢？因為心多恐怖，就有很多的顛倒夢想。怕是我們唯一該怕的事。人生最看不破的是生死障，很多人怕死，是因為不知道死後會變什麼樣？一個人連死都不怕，還有什麼可怕的呢？

《莊子．至樂》篇：「莊子妻死，惠子弔之，莊子則方箕踞鼓盆而歌。」惠子曰：「與人居，長子老身，死不哭，亦足矣，又鼓盆而歌，不亦甚乎？」莊子曰：「不然，是其始死也，我獨何能無概然，察其始而本無生，非徒無生也，而本無形，非徒無形也，而本無氣。雜乎芒芴之間，變而有氣，氣變而有形，形變而有生，今又變而之死，是相與為春秋冬夏四時行也。人且偃然寢於巨室，而我噭噭然隨而哭之，自以為不通乎命，故止也。」莊子把人的生死就像是春夏秋冬的變化，日夜的運行，只是一種自然現象，所以莊子妻死，他會「鼓盆而歌」，因為他認為他太太「偃然寢於巨室」，如果自己在一旁哭哭啼啼，是「不通於命」。

我們內心的不安定，除了來自恐懼害怕之外，也有來自疑慮猜忌。疑慮是朋友、親人之間最大的敵人，更是夫妻感情的頭號殺手。人與人之間的交往，最為重要的，是要能夠彼此以誠相待，而且互相信任。夫妻的結合，是兩個成年人要廝守一輩子，長長久久，永生不渝，所以彼此要向對方負責，彼此要信任對方，有懷疑就沒有信仰，有懷疑就沒有愛情。

一個人的成功與否，很重要的關鍵，是對自己有沒有信心。成功六字訣，不要疑，只要信。怕失敗的人一定失敗，相信會成功的人才會成功。自信是成功的基礎，沒有一個對自己沒有信心的，別人會對他有信心。思想產生信仰，信仰產生力量。「吾心信其可成，移山填海之難，亦成矣！」

佛家說：「一切由心造。」俗諺也說：「樹的方向，由風決定，人的方向，由自己決定。」沒有人能決定你的未來，只有自己能決定自己的未來。態度決定生活，不是生活決定態度。我們想過什麼樣的生活，就要有什麼樣的態度。

放心不是放棄，放心不是放棄對生命的追求，放心是為了安心，放心是對生命充滿熱烈的期望。青年雙手，人類的希望。人生是有限的，我們只有有限的生命、體力、財富、能力，但是只要心不死，人永遠活著，只要內心充滿希望，我們就可以在有限中追求無限，把有限的生命、體力、財富、能力，產生源源不絕的活力、能量。

做人之道，求其安心而已，有一顆安定的心，才能有明確努力的目標，才不會三心二意，見異思遷，或是狂妄自大，目空一切。有一顆安定的心，做人做事就會務實、踏實、平實、真實。養心是養生的重點，放心為養心的重點，放心為養心的核心。要養心先要放心。而放心就會安心，心安理得，則怡然自得。

知止才能放下得失禍福

自古英雄，不論是橫槊賦詩的曹操，浪淘千古風流人物的蘇東坡，全都敵不過時間的洪流、歲月的洗禮；即便是席捲天下、包舉宇內的秦始皇、派徐福遠赴東瀛求不死之藥，而今安在？「萬里長城今猶在，不見當年秦始皇。」唐代詩人劉禹錫〈烏衣巷〉詩：「朱雀橋邊野草花，烏衣巷口夕陽斜。

舊時王謝堂前燕，飛入尋常百姓家。」寫盡人世的滄桑，變化無常；也難怪王羲之〈蘭亭集序〉一文十分感慨的說：「脩短隨化，終期於盡。」

生命的無常，無不令所有英雄為之氣短。張學良有一句名言：「英雄回首是神仙。」回首當年發動西安事變，英雄煥發，驚動政商，後來歷經數十年被軟禁的生活，才有今是昨非的感嘆。如果能夠即時回首，英雄不必是悲劇人物，而是快樂神仙。

人生最看不破的是生死障，死都不怕，還怕什麼呢？莊子將死，弟子欲厚葬。莊子說他「以天地為棺槨，以日月為連璧，星辰為珠璣，萬物為齎送。」喪具已備。弟子怕莊子的屍體拋露在外面，會被鳥鳶所食。莊子說：「在上為鳥鳶食，在下為螻蟻食，奪彼與此，何其偏也。」莊子的豁達，因為他知道「通天下一氣耳」，「人之生，氣之聚也，聚則為生，散則為死。」

莊子妻死，莊子鼓盆而歌，因為他知道「察其始而本無生，非徒無生也，而本無形；非徒無形也，而本無氣。雜乎芒芴之間，變而有氣，氣變而有形，形變而有生。今又變而之死。是相與為春秋冬夏四時行也。」生命只是一種自然現象，人總會老，老總會死，存在的人、事、物，遲早都會消逝，我們無法抗拒，我們只能坦然接受。

人生除了貪生怕死，人對名利、得失、禍福，也頗多罣礙。追求富裕豐足的生活，並不是錯誤，但是如果沒有自知之明，如果不能量力而為，貪求無厭，不知適可而止，就像開車的人而不會踩煞車，就十分危險了。凡事偏了都不好，過猶不及。連最基本的生活條件都不具備，當然是非常辛苦的事，而過分追求奢華淫逸的享受，也不是好事，也不是長壽養生之道。

人生猶如一趟旅行，行囊太多、太重，如何能夠輕鬆愉快呢？西方的聖誕老公公，他背包裡裝的是玩具、糖果、禮物，以及孩童的夢想。我們中國的布袋和尚、彌勒佛是許多人的最愛，尤其是做生意的人，敬供如神明，因為祂是財神爺，布袋裡裝的是金銀珠寶。

我們每個人的行囊裡，裝的是什麼呢？是健康、財富、親情、友情、愛情、事業、名譽……。生而為人，天生就有各種欲望的追求。每個人所具備的條件有限，我們只有有限的歲月、有限的體力、有限的金錢，而我們的慾望是無止無盡的。欲望的溝壑難以填滿，所以我們總是苦多、樂少。追求快樂之道，就是要減少欲望、減輕負擔、放下不必要的包袱。「布袋，布袋，放下布袋，何等自在。」布袋象徵人生的包袱、人生的負擔。

我們要放下恐懼、放下疑慮、放下執著、放下貪念、放下自憐、放下自私、放下自閉、放下依賴、放下別人眼中的自己的包袱，快樂做自己。放下不是放棄，而是生命的提升，放下是一生不會終止的精神修煉。

《西遊記・悟空歌》：「天也空，地也空，人生渺渺在其中。日也空，月也空，東昇西墜為誰功？金也空，銀也空，死後何曾在手中？妻也空，子也空，黃泉路上不相逢。權也空，名也空，轉眼荒郊土一封。」喝醉酒的人神志不清楚，執迷不悟的人，看不透人生的真諦。**人貴清醒自覺，「英雄回首是神仙。」回首二字，代表覺醒的意思，年過六十，方知五十九之非，但是永遠不會太遲，就怕是一生執迷不悟，就會一輩子痛苦不堪。**

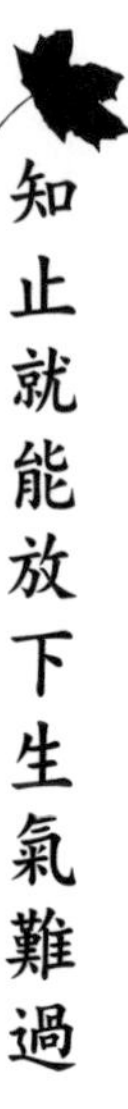

知止就能放下生氣難過

世事難料，我們常常會遇到一些不如意的事，會遇到別人對我們的一些不友善、不禮貌，甚至是非常惡劣的行為。我們的情緒常常會被不愉快的經驗所激怒，或表現出沮喪、懊惱、憤恨。**生氣是拿別人的錯誤來懲罰自己，是雙重的損失、雙重的傷害，就好像丟了錢又很傷心，丟錢已是財務的損失，傷心更是對健康的傷害。**

有一首勸世歌「莫生氣」：「人生就像一場戲，因為有緣才相聚；相扶到老不容易，是否更該去珍惜；為了小事發脾氣，回頭想想又何必；別人生氣我不氣，氣出病來無人替；我若生氣誰如意，況且傷神又費力；鄰居親朋不要比，兒孫瑣事由他去；吃苦享樂在一起，神仙羨慕好伴侶。」真的人生就像一場戲，生、旦、淨、末、丑，扮演眾生不同的角色，我們有時是主角，有時是配角，有時只是跑龍套而已。不管是演戲或是看戲，都不能太入戲、太認真，都要放輕鬆，抱持玩樂的心情去看待。

人生數十寒暑而已，有什麼好計較、好罣礙的呢？財富、名利、愛情，全都有如潮水一般，來來往往。人是空手而來，人也是空手而去。幾十年的歲月中，不管是苦樂、得失、禍福，多一點，少一點，大一點，小一點，長一點，短一點，都只是相對的意義，求不完，就苦不完。人生的相見、相聚，都是難得的情緣，卻要十分珍惜。

人要生氣是氣不完的，人要能懂得放下，懂得割捨，懂得知止，人生有什麼放不下的呢？人生遲早全部都要放下。塵歸塵，土歸土，人來自自然，人終畢回到自然。

人之所以會生氣，往往是因為太計較，太愛比較，總希望自己比別人強，自己比別人好，自己的兒孫、家人，比別人強、比別人好。天下事一長一短，老天最為公平，祂不會把所有的優點都給一個人，把所有的缺點都給另一個人，每個人都有一些優點和缺點，只是有些人多一些優點，有些人多一些缺點而已。

每個人的福緣、福分不同，如果不懂得珍惜，擁有再多的福緣、福分，也不會快樂。如果我們生氣於那些對我們不友善、不禮貌的人，我們也只是跟他們一般見識而已，面對神經病的人，我們怎能跟他一樣神經病呢？至於遇到人生的挫折、困頓，我們更不能只是坐在那裡悲傷、生氣而已，我們應該把失敗視為淬勵，我們應該反省失敗的原因，記取教訓，贏得最後的成功。

知止就能積極活在當下

過去是雜念，未來是妄想，只有把握當下，才是人生的正解。當然，每個今天，都是過去的延伸，每個未來，也都是今天的發展，上一刻，下一刻，都與這一刻緊密相隨。但是，有些人總是沉緬過去或是迷幻未來，而不能勇敢面對現在。已逝的歲月，不管是得意或失意，我們都不能、也不必緊抱著不放。如果我們緊緊抱住昔時的成功，我們如何能夠追求更多的成就？如果我們永遠走不出往日的傷痛，我們如何能夠迎接嶄新的未來？

每天眼睛一張開，都是新生命的開始。人生如牌局，每一次的輸贏，都不影響下一次的輸贏。活在今天，活在當下，才不會把人生的希望，寄託在虛無飄渺的海市蜃樓；也不會把人生的行旅，永遠背負過去的沉重包袱，以致步履蹣跚，痛苦不堪。秋天遍地落葉，無論今天我們怎麼用力搖樹，明天的落葉還是會掉下來。做好今天的事，不要拿明日的烏雲，遮住今天的陽光。今天自有今天的煩惱，明天的煩惱，明天再說吧！

老天對每個人的要求不同，命運給我顏色，我正好開個染房；命運給我一地碎玻璃，我可以把它們製成跳天鵝湖的水晶鞋。逆中求勝，更能彰顯人性的光輝。法國大小說家雨果說：「世界上最寬闊的是海洋，比海洋寬闊的是天空，比天空更寬闊的是人的心靈。」只要心不死，人永遠活著；我們不是要活在過去或是未來，而是現在。

知止，才能站穩腳跟，不會衝過頭；知止，才能明白自己的定位，該做什麼？不該做什麼？知止，才能知所取捨，頂得住誘惑；知止，才能急流勇退，見好就收；知止，才能節制情緒，喜而不過，怒而不憤，哀而不傷，樂而不淫。

生活中能知止，才能避免禍從口出、病從口入；商場上能懂知止，才能拿捏分寸，長長久久，永續經營。簡單地說，能夠知止，才不會自取其辱，導致危難。

人生到處有風景，宋程顥詩：「春有百花秋望月，夏有涼風冬聽雪。心中若無煩惱事，便是人生好時節。」可是我們都「但見冰消澗底，不知春上花枝。」人生的許多美景，常常是在行色匆匆之間，消逝不見。當我們放慢腳步，緩一緩，歇一歇，才能發現人間的美好。「眾裡尋它千百度，驀然回首，那人卻在燈火闌珊處」、「踏破鐵鞋無覓處，得來全不費功夫。」

「青青翠竹盡是法身，鬱鬱黃花無非般若。」人生俯拾都是美景，生命的自我追尋，全方位的生命開展，都不必有所待、有所求。我們都只是塵世間的一粒微塵，要求不多，能求不多，對我們來說，做好自己才是第一重要的事。

專注眼前的事，把心放在正在做的事。所謂美感經驗，就是專注於一件正在做的事，截斷眾流，擺開一切的得失利弊，當下所能感覺到的快慰情緒。**「人生就是菩提，生活就是道場。」努力活在當下，人間就是天堂，而其前提就是要能知止、放下、割捨。**

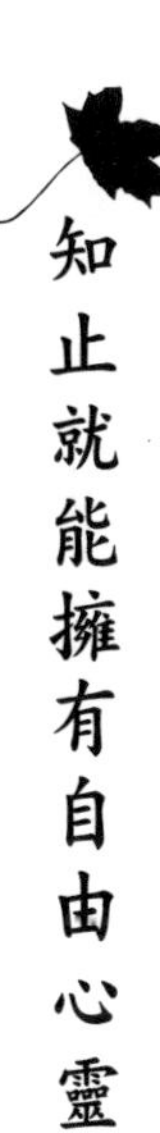

知止就能擁有自由心靈

人生的存在，有種種的限制，人是被放置在經常充滿貧乏、恐懼、不安的環境之中，人要如何才能免於貧乏？免於恐懼？免於不安？人在物質方面的努力，只能解決一部分的問題，只能解決一時的問題，人無法從物質方面解決所有的人生問題，人除非從精神上得到完全的自由解放，否則對於生命的種種困惑、煩惱，沒有辦法從根本上得到解決，只有把人從被壓迫的狀態中解脫出來，恢復人類求生存、求創造的生命力，重獲個體心靈的自由，人才能徹底解決人生的所有問題。

生而為人，便有各種不同的欲望、需求。美國心理學家馬斯洛提出人類的五大需求，一是生理的需求（Physiological Needs），二是安全的需求（Safety Needs），三是情感的需求（Love Needs），四是希望被尊重的需求（Esteem Needs），五是自我實現的需求（Self-Actualization Needs）。這些需求，大部分是人類生命的本能，是合理、正當的需求，但是人類還有很多的需求，是不必要的，或是超越人自身能力所及的，後者的追求，如果不知道節制、約束，便會自討苦吃，帶給自己無限的煩惱與痛苦。

人的能力有限，而欲望無限，尤其在當今科技非常昌盛發達的年代，各種科技產品日新月異，真是令人看得目不暇給，總想追逐、趕上時代、社會的潮流，不斷的求新、求變。而各種的美食、服飾、新車、豪宅，也不斷刺激、誘惑人類的欲望，如果不能知止、節制，適可而止，求不完，就苦不完。

知止，不只來自對物質方面的追求，也包括精神層面的追求，財富的追求，是物質層面，聲名的追求，是精神層面。人在各方面的追求，都應該量力而為，適可而止。凡事過猶不及，偏了都不好。老子說：「知足不辱，知止不殆。」凡事都要知足、感恩、節制、惜福，才能避禍、遠禍。人生的加減，加法是成長，減法是成熟，自知則明，知止則智。

一個懂得知足、知止的人，才能當家做主，做自己生命的主人，才不會成為欲望的奴隸。一個能知止的人，才懂得自己能要什麼，不能要什麼，自己該要什麼，不該要什麼。人的存在是不自由的、被限制的，「生年不滿百，常懷千歲憂。」人生的功名富貴、得失禍福，也往往不是自己能掌握的，不是有求必得的，也不是可以隨心逃避的。放開一切，獲得一切，只有能夠知止的人，才能停止貪念，才能懸崖勒馬。

美的特質是自由與無限，美是通往自由與無限之路，美的創造與欣賞，都是想像的馳騁，都是要突破現實的局限，而開展無限的空間。席勒《審美教育書簡》說：「透過自由去給予自由，這就是審美的國度的法律。」自由是藝術的第一義，自由也是人生的第一目標。人常是自己困住自己。解鈴終需繫鈴人，人是自己困住自己人，人也只有靠自己才能解困。人生如何才能擁有一顆自由的心靈呢？最重要的就是要能知止。

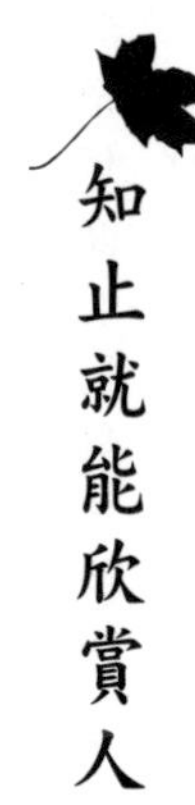

知止就能欣賞人生美景

心如平原縱馬，易放難收。人心也像猿猴、野馬一樣，狂野躁亂，難以拘束。孟子說：「學問之道無它，求其放心而已。」做學問的方法，就是要把放散的心收回來。一個人的動心起念，直接影響到行為的發展，人生最重要的是要能求得一顆安定的心，心有定向、定力，行為才不會有偏邪不正。

〈般若波羅密多心經〉：「照見五蘊皆空。」知止，才能放空、放下，人生的痛苦，往往來自太執著，一個人能夠放下執著，就不會有罣礙了。我們對天地、對別人愈少要求，才愈能感受人生之美。

蘇軾〈超然臺記〉：「凡物皆有可觀，苟有可觀，皆有可樂，非必怪奇偉麗者也。餔糟啜醨，皆可以醉，果蔬草木，皆可以飽，推此類也，吾安往而不樂。」快樂是不假外求，這個世界不缺少美，只是缺少發現。蘇東坡能體悟天地萬物都有可觀可樂之處，所以能夠欣賞天地萬物可觀可樂之美。因此，遊山玩水，不必怪奇偉麗；喝酒吃飯，不必瓊漿佳餚。物無不美，但是要有一顆欣賞美的心。

美在那裡？美在事物的本身，美也在審美者的心中，美是心物的合一，美要有人情，也要有物理，二者缺一不可。我們要有一顆自由開放的心，知足、知止，才能領略自然與藝術的美，以及人生之美。「萬物靜觀皆自得，四時佳興與人同。」萬物的自在自得，是在人的靜觀中朗現出來；天行四時，與人的佳興相同，天行在人間，人間亦天行，物我兩忘，天人合一。」

一個人最大的滿足，不是來自物質的享受，而是精神上的愉悅和順。我們往往為了忙於工作，而犧牲生活，在漫漫的人生大道，有許多的勝景、美好的事物，因為行色匆匆，全都來不及一一瀏覽、品味，十分可惜。知止才能欣賞人生美景，凡事知道適可而止，才不會盲目追求，沉迷陷溺而不知自拔。知止才能專注，知止才不會有妄念、貪心、亂求。

人不能無私，但宜少私，人不能無欲，但要寡欲。很多人只知其樂，不知其足，只知其進，不知其止。香港首富李嘉誠的名言：「很多企業的失敗，最少有一半都是因為貪婪。」真是令人值得警惕。要享受喜悅人生，欣賞人生美景，最重要的就是要能放、能忘，放下執著，忘掉得失，而且要知止，才不會再勞形傷神。緊張、忙碌、焦慮、煩躁，是現代人的通病，尤其是在工商社會之中，快還要更快，好還要更好，多還要更多，人在無止境的追求下，不只迷失了生命的意義和價值，也可能喪失親情及友情、愛情，甚至賠掉自己的健康和身體。

我們日日夜夜懸念、渴望的生活，未必是我們真正需要的，我們常常浪費時間、金錢、精力，去做一些不必做的事、不該做的事。省錢就是賺錢，我們不一定要賺很多錢，如果賺很多錢而不快樂、不幸福、不健康，寧可不要。「行到水窮處，坐看雲起時」的王維，「結廬在人境，而無車馬喧」的陶淵明，以及「竹杖芒鞋輕勝馬，一簑煙雨任平生」的蘇軾，都是令我們羨慕仰望的文士，都是真正能夠欣賞人生美景的雅人。

七、知止與企業管理

「知止而后有定。」企業經營者能夠知其所止，然後才能對企業體的發展目標有止確的定向，而不會好高騖遠，不自量力，或是坐一山望他山，二心兩意。

企業經營不外是對人、事、物的管理，企業經營是以人為核心，以事為手段，以物為工具，與時間競走，而要達到企業的生存和成長的目的。物是死的，事是人做出來的，時間由人來掌握，所以，企業的成敗，最重要的是人的因素，包括管理者與被管理者。

科學管理之父泰勒曾經說：「管理，是確切地知道要別人做什麼，並注意要他們用最好的的方法去做。」因此，完善的管理制度是影響企業經營的重要因素之一。

一個優秀的管理者，必須擁有總攬全局的決策能力，有好的主管才能帶領好的部屬，才能提升生產力，才能增加企業的績效，所以，「一家企業沒有良好的績效，應該替換的不是工人，而是總裁。」當然，企業的成功，不是只靠經營者個人的聰明才智建立的，而是通力合作的優秀團隊共同打造出來的。

企業管理的本質

企業的經營，不能只憑運氣。近年來，國內的經濟深受國際金融風暴的影響，不少的大型企業也難以逃過劫難，處在一片低迷的經濟環境之下，所謂「只有不爭氣，沒有不景氣。」益顯企業管理的重要性。面對不可預測的未來，到底應該何去何從？走向迷離多變的明日，我們應有怎樣的心理準備？古人說：「凡事豫則立，不豫則廢。」如何釐清變化的軌跡？如何掌握變化的方向？重新打造企業的生命體，實在是刻不容緩的事，這也正是管理學成為當今科技時代的顯學的重要因素，實在是有其時代的特殊意義。

把管理（Management）視為一門學科，是十九世紀初期才新興起來的。有「科學管理之父」之稱的美國學者泰勒（F.W.Taylor）於一九一一年出版《科學管理》（Scientific Management）一書，以及有「現代管理學之父」之稱的彼得·杜拉克（Peter F. Drucker）於一九五四年出版的

《管理的實踐》（The Practice of Management），奠定了管理學的深厚基礎。

所謂管理學，簡單的說，就是增進企業或個人的辦事效率，或提升商品品質的學問，這門學問雖然是一門新興的科學，卻是長久以來就有的藝術。我國自周朝開始，周公制禮作樂，在宗法、封建、婚姻等方面，已有完善的管理制度，而能立國八百年之久。管理學就像其他很多的學門一樣，是以科學的方式建立其知識的領域，所以管理學也是講究清晰的觀念（Concept）、明確的原則（Principle），和科學的方法（Method）。在管理的領域中，如果管理者不能運用管理的知識和技能，作為遵行的指標，則只能透過嘗試錯誤方式（Try and error），而要付出很大的代價。

當然，管理者也不能只靠教科書的描述，去從事管理的工作。管理是一種技術（Know-how）。管理是管理者運用一些有關管理方面的知識的技術，運用之妙，存乎一心，因此，管理也是一門藝術。

有關管理的定義，歷來的學者、專家都有精闢的見解，譬如約翰・艾戴爾著《管理的智慧》一書說：「經營管理有一種定義：決定做什麼，而且將他完成。」方美智譯《超越管理迷思》一書說：「管理，從過去、現在到將來，永遠是指同一件事——把事情完成的藝術。」彼得・杜拉克《巨變時代的管理》一書也說：「管理，就是透過他人，把事情辦妥。」

所以，管理的本質，基本上也是實踐重於理論，它的精髓，不在知，而在行。

以企業而言，所謂管理，乃是運用組織、計劃、協調、指導、管制等基本行動，以期有效利用人員、物料、機器、方法、金錢、市場、士氣等基本因素，促進其相互密切配合，發揮最高效率，以達成機構之目標與任務。就管理實務言，管理就是決策。

沒有管理，企業就不能生存下去。現代的企業，趨向大規模經營制度，企業規模愈大，愈要講求管理，如果沒有嚴密的組織和分層負責的管理制度，作為規範一切人、事、財物運用的準繩，企業就無法經營了。

王永慶《談經營管理》一書中說：「**一個企業的成敗，完全以管理品質**

為關鍵，管理好就能成功，否則就只有失敗。」這是一個詭譎多變的時代，這也是一個激烈競爭的時代，今天的成功，並不保證明天依然成功，不管是個人或是國家、社會，以至於任何的企業機制，隨時都需要精打細算，不可以糊里糊塗過日子。所謂的精打細算，就是管理的要義。

知止在企業管理上的應用

1 知止與目標管理

盲目的前進，只是莽夫的行為，任何企業的經營，最為重要的是目標的設計，經營者必須非常熟悉自己的條件與能力，必須很清楚了解自己所經營的企業，要往那裏走？能往那裏去？以及自己的優勢、劣勢、機會和限制。企業的成敗，主要是市場的因素和產品的質量。市場的需求有多少？產品的供應能否符合顧客的要求？決定了企業發展的生死命脈。

知止，才不會貪求；知止，才能量力而為；知止，才能非常明確分析市場的層面。企業的經營，不是一廂情願、自以為是，而是要冷靜客觀的評估、分析，除了有心，還要有力，不是看了別人賣牛肉麵賺錢，自己也跟著賣牛肉麵。別人賺了錢，自己未必也能賺錢。

知止與目標管理的關係，非常密切。「知止而后有定。」企業經營者能夠知其所止，然後才能對企業體的發展目標有正確的定向，而不會好高騖遠，不自量力，或是坐一山望他山，三心兩意。

2 知止與系統管理

企業的經營，不外是對人的管理、對事的管理、對物的管理。談到管理，最重要的是要有制度，有制度才能講品管、講效率。在人的管理方面，當然是分工合作，分層負責，各盡其能，各負其職。一個企業的經營，就像一部機器的運作，大零件、小螺絲釘，各有其功能和價值。在事的管理方面，要簡單、明確，老子說：「少則得，多則惑。」又說：「天下多忌諱，而民彌貧；朝多利器，國家滋昏；人多伎巧，奇物滋起；法令滋彰，盜賊多有。」

經營企業就像治理國家，要像老子所說：「我無為而民自化，我好靜而民自正，我無事而民自富，我無欲而民自樸。」

知識就是權力、知識就是財富，知止才能有度、知止才能知道人生的有限、知止才能集中精力、財力、人力、物力，做到企業順利的經營，也才能建立良好的制度，而有效率的管理。

經營企業如果沒有良好的系統管理，就像一個人沒有好的規矩、好的習慣，一定生活混亂、麻煩四起。企業經營能夠有有效的系統管理，就像一個人養成良好的生活習慣，凡事得心應手、應付自如。

當然，系統的建立，並不是一成不變，企業經營過程中如果遇到了困難，則要不斷作檢討、做調整，原有的系統程序，發現失效的地方，便立即更新、改進。止學並不是告訴我們停滯不進，一方面固然是止其所止，一方面則是止止不止，要因應時代、社會等等，主、客觀因素的變化，隨時作調整、因應。

3 知止與價值管理

時代在變、社會在變，沒有一個時代比現在變的這麼多、這麼大、這麼快，很多的企業經營的起起伏伏，就像是「眼看他起高樓，眼看他宴賓客，眼看他樓塌了。」世事無常，企業的經營，一定要配合時代、社會的步調，不斷的突破創新，不可以執迷不悟，固守窠臼。

變是世界唯一不變的道理，企業經營在價值管理方面也要機動調整。任何企業的發展，總是從規劃開始，擬定經營目標、設立公司、建構廠房、募集員工、執行計畫、評估考核、檢討修正，從年度工作目標，每季、每月業績研考，都必須非常嚴謹、準確、踏實。知止的研究，有助於企業經營者，在價值管理方面，提示知止才能集中目標，知止才能有所節制，知止才能懂得割捨。利取其大者，害取其小者，壯士斷腕，去俥保帥，知其所捨，才能悠遊自得，才能在複雜變換的競爭環境裡脫穎而出，求得勝算。

4 知止與危機管理

世事難料，天有不測風雲，人有旦夕禍福，這兩年的國際金融風暴，影響之多、之大，是大家始料所不及，許多的大公司、大工廠應聲倒閉，許多的雇工、家庭瀕臨失業困窘、無以生計。企業經營的危機管理，就是遇到任何緊急危險狀況能夠謹慎戒惕、機智靈巧的處理。

中國自古賢君在位，都是以憂勞為勸、逸豫為戒。《易經．乾卦》：「九三，君子終日乾乾，夕惕若厲，无咎。」「九三」是乾卦的第三爻，居下卦之極，象徵事業小成。一個安於小成的人，在事業小有成就的時候，往往志得意滿、驕矜淫逸，耽於享受，荒弛墮落。《易經》的作者告訴我們，有德的君子，在小有成就的時候，不能自滿，而要繼續奮勉不懈，終日勤勞，到夜晚還心存戒惕，彷彿大難臨頭。唯有如此，才能免除禍咎。

憂患意識並不是消極的憂慮災難的來臨，而是積極的防患未然的心理準備；憂患意識並不是被動的等待命運的安排，而是主動的盡其在我的努力作為；憂患意識並不是一時的、短暫的恐慌情緒，而是持久的、不變的戒惕心理；憂患意識並不是居安思危而已，而是進一層要求臨危而懼；憂患意識並不是強調「憂」、「患」，而是強調「敬」、「慎」。知止與危機管理的關係，是在強調知其所止，謹慎小心，才不會出差錯。

5 知止與人性管理

尊重人性，是管理之本。管理從最基本上說，就是對人的管理。和諧的人際關係，是事業成功的基礎，不管是個人的立身處世或是跨國大企業的經營管理，如果人事不安定，經營一定會出問題。企業的成功，不是只靠個人或少數人的聰明才智建立起來的，而是整體企業員工通力合作打造出來的。

企業有多了解人性，才能對錯綜複雜的人際關係和員工的行為與動機，進行有效的引導和管理，進而根據企業每一個階段的發展目標，界定不同的員工管理方式，所以，所謂人性管理，就是對員工的合理要求。

知止與人性管理的關係，在於強調人生是有限的，每個人的才華、能力是各有所偏，企業對於員工，要能用其長處，也要忍其短處。尊重是人生的

第一課，每個人立身處世要從看重自己、尊重別人開始。用人唯才，企業經營最重要的是人，不是資金，事業是由人做出來的，資金只是媒介。所以企業經營的核心價值，就是人性管理。人的問題解決了，世界的問題就解決了。

知止是研究一個人如何立身處世、如何行止進退的學問，攸關一個人的修身、齊家與創業。企業的經營，猶如人生的經營，知止的研究對企業經營也很重要。老子說：「知足不辱，知止不殆。」一個不知足的人，貪得無厭，往往自取其辱；一個不知止的人，衝過了頭，就會頭破血流，釀成生命的危險。開車的人不懂得煞車，遲早會鬧出事故。不管是小心開車，不要撞到人家，或是不要被別人撞到，關鍵的剎那，就是要緊急煞車。

很多人時常感歎人生很苦、很累，人生其實不必這麼苦、這麼累。如果覺得人生太累，不妨停下來休息一下，想一想自己為什麼要這麼累？也看一看別人為什麼不必這麼累？再聽一聽學者、專家的意見如何才不必這麼累。知止的研究就是讓大家靜下心來思考，說人生無常，卻也是人生之常，在無常的人生中，人要如何自處？要知足、知止。要學習放下，放下煩惱，放下痛苦，放下驕傲，放下自卑，放下猜忌，放下恐懼，放下執著，放下自私，放下依賴。放下不是放棄，而是生命的提升。行囊太重，如何能行的遠、行的輕鬆愉快呢？

我們常常是自己綑住自己，放掉那些把我們拉進不快樂的關係和事件中的所有執著；放掉那些讓我們的心靈陷入疲憊、厭倦、自私自利的痛苦想法和感覺。我們只有把造成痛苦、不快樂的因子解除了，我們才能得到美滿幸福，我們不能一方面不放下痛苦的因子，一方面希望得到快樂。

放下是為了空出空間接納更有價值的東西，知止是為了欣賞真正的人生風景。我們往往因為不知止，而陷於迷亂、迷惘、迷惑、疑慮、疑忌、疑懼之中。知止，是生活美學最重要的一環。

企業的經營，一樣可以借重知止的研究得到好處。企業的經營重點，包括目標管理、系統管理、價值管理、危機管理、人性管理哩，都與知止的思想有非常密切的關係。老闆是企業的靈魂，如果企業經營者精研知止，深得其中三昧，不只有助於個人的修養，亦必有助於企業的永續經營。

附錄一、

朱榮智教授人生雋語——論快樂

快樂來自一顆自由的心靈

■快樂來自一顆自由的心靈。

■心寬者，一生平安；助人者，一世快樂。

■做人在想的開、想不開而已，想的開就快樂，想不開就煩惱。

■執著是痛苦的根源，把偏執放下，快樂就在腳下。

■生活需求減少一分，人生快樂就多一分。

■活著是為了得到快樂，而不是製造痛苦。

■沒有人願意看到愁眉苦臉的人，使自己快樂，是權利也是義務。

■能使自己快樂，才能使別人快樂。

■天下沒有比使自己快樂更重要的事。

■快樂之道，是勇敢說出自己的感覺。

■自己不快樂，沒有能力使別人快樂。

■快樂不是擁有很多，而是要求很少。

■如果能夠及時回頭，英雄不必是偉大人物而是快樂神仙。

■把心靈回到孩童般的純真，就能找到通往快樂的入口。

■快樂的祕訣，就是寬恕。

■快樂來自有意義的生活。

■自由是幸福的根源，心被綁住了，怎麼快樂起來？

■愉快的性格是成功的靈魂。

■尋找快樂的祕方，就是多和快樂的人在一起。

■快樂是自找的，煩惱也是。

■快樂的心，是人生最大的財富。

■很多人一面想得到快樂，一面卻做會痛苦的事。

■歡樂使生命活潑，痛苦使生命深刻。

■快樂，不是擁有很多而是抱怨很少。

■跟快樂的人在一起，就會很快樂。

■用心過每一天，才能快樂過每一天。

■快樂是自找的，不是別人施捨的。

■快樂來自一顆開放的心，沒有一個心靈閉塞的人能擁有快樂。

■很多人活的很辛苦，因為不知道怎樣才能快樂；很多人知道怎樣才能快樂，卻背道而馳，所以也很辛苦。

■ 快樂是一種心境。

■ 懂得不要求的人，才會是快樂的人。

■ 我們若要享受快樂人生，先要培養寬厚的氣度。

■ 快樂的人，不是沒有失意的事，而是能夠不以失意為失意。

■ 左右一個人是不是快樂，主要來自心境而不是環境。

■ 快樂的動力，來自內心的意願。

■ 心中只有怨、怒、恨的人，一定痛苦；心中滿懷感恩、感激與愛的人，才能喜樂。

■ 歡喜心就是良醫。

■ 等待別人施捨快樂，比乞丐托缽還難。

■快樂的人像陽光，走到那裡，那裡就很溫暖。

■快樂不在等待，而是隨時隨地都能自得。

■快樂是沒有條件，有條件的快樂不是真正的快樂。

■很多人所以不快樂，是因為算計太多，傻人傻福。

■快樂，如影隨形；刻意追求快樂則是捕風捉影。

■助人為快樂之本，因為助人時不會想到自己的痛苦。

■內心的平靜，是真正的快樂。

■拒絕痛苦，就是要學會歡笑。

■如何離苦得樂？本性無苦無樂，苦樂都是自找；要快樂就能快樂，不想痛苦就能不痛苦，只要你相信、你願意、你堅持。

- 快樂不假外求，快樂只是內心的自得自足。
- 封閉是快樂的最大殺手。
- 懂得欣賞生活，人生才有快樂。
- 心寬者，一生平安；助人者，一世快樂。
- 我們可以躲開一隻大象，卻躲不開一隻蒼蠅，很多人不快樂，只為了芝麻小事。
- 快樂就是放下，幸福就是平安。
- 人早晚會死，但是我們不能坐著等死，有生之年，天天努力，天天開心。
- 自由是幸福的根源，心被綁住了，怎麼快樂起來？

附錄二、朱榮智教授人生雋語——論生命

耐心等待，時間會創造好事。

■有勞而不獲的事，沒有不勞而獲的事。

■沒有慧根，就要會跟。

■生命最艱困的歲月，令我們成長最多。

■與時間競走，不能追著時間跑，就會被時間追著跑。

■生命可貴，只要還有一口氣，就要努力生活、努力工作。

■人老了就沒用，趁著還能動的時候要多做一點事。

■「信心」、「愛」、「希望」，是生命再生的力量。

■受約束的是生命，不受約束的是心靈。

■吃飯是為了維持生命，讀書是為了豐富生命。

■給生命的缺口找出口。

■ 生命是永不止息的奮鬥過程。

■ 一小時能做什麼？持之以恆，就是無限。

■ 生命不只是一種存在，更要追求價值。

■ 所謂生命的價值，就是你對別人有價值。

■ 發揮專長，擴大影響。

■ 建立核心價值，增加生命能量。

■ 生命不在等待，分秒都要珍惜。

■ 生命不是在等待風暴離去，而是學習如何在風雨中翩翩起舞。

■ 知道自己笨的人並不笨，不知道自己笨的人才真笨。

■ 每個生命的存在，都有它的意義和價值。

■君子厚德載物，寬厚得福。

■天道運行，永不止息。

■天道運行，循環反復。

■萬里長城今猶在，不見當年秦始皇。

■物極必反，否極泰來。

■只有在泥濘裡行走，生命才能留下深刻的痕跡。

■腳印在泥濘中印證生活的坎坷，也印證人生的價值。

■苦難，豐富我們的人生，也會使生命更成熟。

■物質的貧乏，帶來生活的貧窮；精神的貧乏，帶來生命的淺薄。

■活在別人的陰影裡，永遠看不到自己生命的陽光。

■ 人要是命都沒了，還談什麼愛恨情仇？

■ 適合自己的生活是最好的生活。

■ 用自己的因緣過日子。

■ 讓自己成為自己的依靠。

■ 樂觀，讓生命永遠有出路。

■ 今天不流汗，明天就要流淚。

■ 最傻的人是不會善待自己的人。

■ 聰明的人像河流，河流愈深愈安靜。

■ 從服務找到生命的意義。

■ 現代人的危機，是精神上無所適從。

■ 凡事都有兩面，我們何必老往壞處想呢？

■ 坐在鞦韆中，我們時時都在追求生命的新高度。

■ 不當一回事，就沒一回事。

■ 春光如此不遊賞，終日恓恓為底忙？

■ 沒有比浪費時間更奢侈的事。

■ 把死亡當成一趟遠行，去一個不知名的地方。

■ 已經過去的事，不要再有罣礙。

■ 耐心等待，時間會創造好事。

■ 已經過去的事，不要再有罣礙。

■ 靜並不是不動，靜是動的另一種方式，靜止不是終止。

■ 想改變不可以改變的事，是愚昧；不想改變可以改變的事，是懦弱；知道什麼是可以改變，什麼是不可以改變，是智慧。

■ 過去的是雜念，未來的是妄想，把握現在。

■ 坦然面對不能改變的現實。

■ 每個人都是自己的第一代，也是唯一的一代。

■ 有事沒事，不要沒事找事。

■ 當問題不能馬上解決時，不妨暫時擱下。

■ 變是唯一的不變。

■ 生命的難處，在勇敢面對問題。

■ 狂風暴雨是天地的作為，尚且不能長久，人又能如何？

■ 歲數愈大，雄心愈小。

■ 每個人都是獨一無二的，每個人都必須自行抉擇。

■ 住在玻璃屋裡的人，不該對別人扔石頭，因為你往外扔石頭，自己的屋子先被打破。

■ 人出生之後，不能再回到母體，已經發生的事，難再回頭。

■ 不成熟的人，是只會坐著抱怨人生不能迎合他們要求的人。

■ 生命的本質，是要了解生命是有限的，生命是無常的，生命是多苦難的。

■ 老是怕失去，一定會失去；該失去的，怕也沒用。

■ 生命要有核心，生活要有重點。

■只有自己不做的事，沒有做不到的事。

■開始就不遲，永遠不會太晚。

■平實最真實。能平凡過日子就不平凡。

■生命自有意義，自己賦予自己價值。

■生命的價值，不是得到多少，而是付出多少。

■人被量化、物質化後，人的尊嚴與價值就沒有了。

■人要役物而不要為物所役。

■一口氣呼出去而吸不回來，已成下輩子了。

■知止才能專注，知止才不會盲目追求。

■不要拿明日的烏雲，遮住今天的陽光。

- 每天眼睛一張開，就是新生命的開始。
- 在困境中處理問題，要用智慧而非情緒。
- 死亡是生命不堪使用，靈魂移民到另一國度。
- 一顆真正的鑽石，到那裡都會發光、發亮。
- 凡事要突破，不要看破。
- 金無十足，人無十全。
- 體天而行，順應自然。
- 只有自己知道自己想做什麼？能做什麼？該做什麼？
- 自己都不知道自己該怎麼辦？別人如何能知道你該怎麼辦？
- 有高山就有深谷，天下事一得一失。

- 沉到谷底，正是攀上高峰的轉捩點。
- 別人可以放棄你，自己不能放棄自己。
- 面對新世代，不能有舊思維。
- 在生命轉彎的地方，要面帶微笑。
- 冬天是春天的母親。
- 利己是生命的基調，利他是生命的價值。
- 退潮是漲潮的開始。
- 生命不只是一種存在，更是在追求價值。
- 用時間療傷止痛。
- 耐心等待，時間會創造好事。

健康養生小百科好書推薦

圖解特效養生36大穴
NT：300（附DVD）

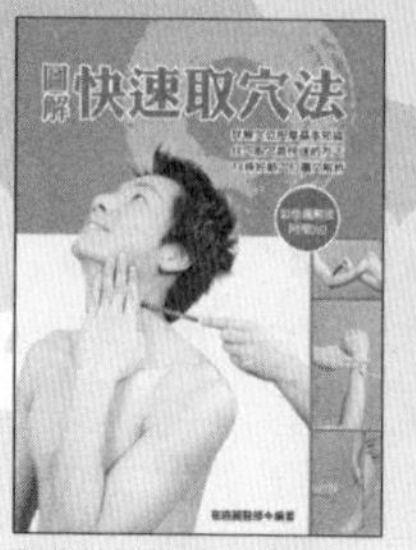

圖解快速取穴法
NT：300（附DVD）

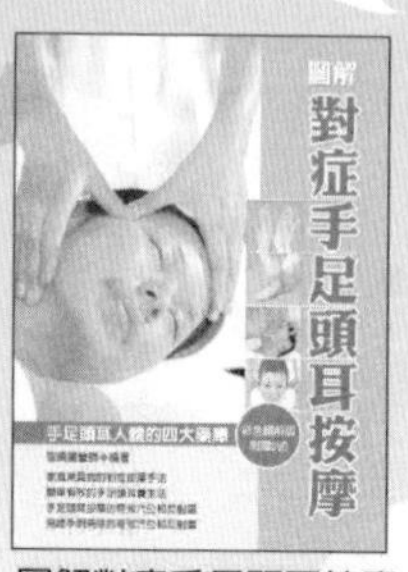

圖解對症手足頭耳按摩
NT：300（附DVD）

圖解刮痧拔罐艾灸養生療法
NT：300（附DVD）

一味中藥補養全家
NT：280

本草綱目食物養生圖鑑
NT：300

選對中藥養好身
NT：300

餐桌上的抗癌食品
NT：280

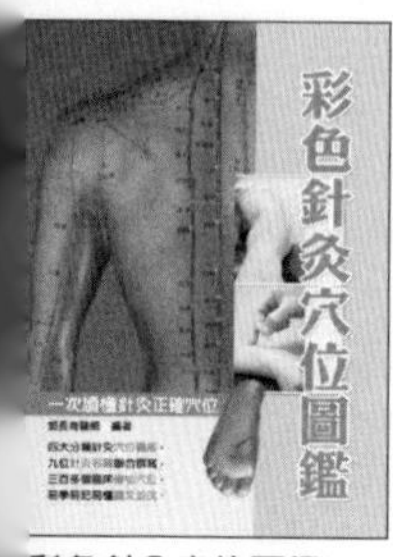

彩色針灸穴位圖鑑
NT：280

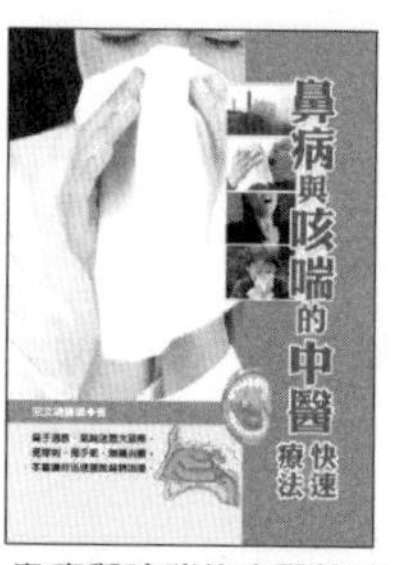

鼻病與咳喘的中醫快速療法 NT：300

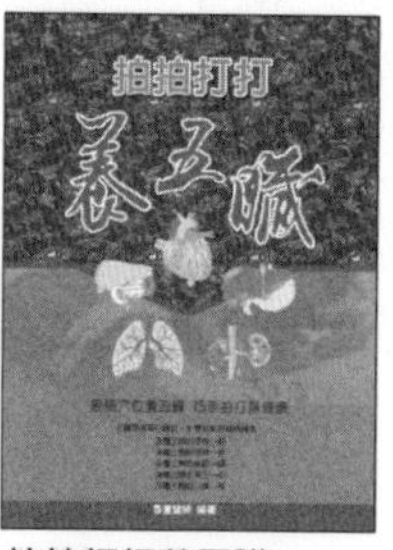

拍拍打打養五臟
NT：300

五色食物養五臟
NT：280

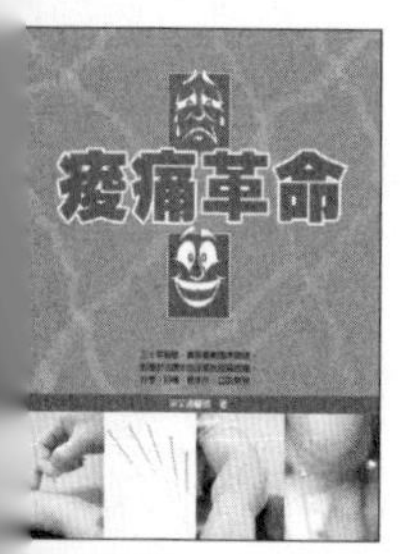

痠痛革命
NT：300

你不可不知的防癌抗癌100招 NT：300

自我免疫系統是身體最好的醫院
NT：270

心理勵志小百科好書推薦

全世界都在用的80個關鍵思維NT：280

學會寬容
NT：280

用幽默化解沉默
NT：280

學會包容
NT：280

引爆潛能
NT：280

學會逆向思考
NT：280

全世界都在用的智慧定律 NT：300

人生三思
NT：270

陌生開發心理戰
NT：270

人生三談
NT：270

全世界都在學的逆境智商NT：280

引爆成功的資本
NT：280

每個人都要會的幽默學
NT：280

潛意識的智慧
NT：270

10天打造超強的成功智慧
NT：280

國家圖書館出版品預行編目資料

我們都忘了，知止也是一種智慧／朱榮智教授作
.－－初版.－－ 新北市：華志文化，2013.09
面；　公分.－－（生活有機園；9）
ISBN　978-986-5936-52-5（平裝）

1.修身　2.生活指導

192.1　　　　102014532

華志文化事業有限公司
系列／生活有機園009
書名／我們都忘了，知止也是一種智慧

作者　朱榮智教授
執行編輯　林雅婷
美術編輯　簡郁庭
封面設計　葉若蒂
文字校對　陳麗鳳
企劃執行　康敏才
總編輯　黃志中
社長　楊凱翔
出版者　華志文化事業有限公司
電子信箱　huachihbook@yahoo.com.tw
地址　116 台北市文山區興隆路四段九十六巷三弄六號四樓
電話　02-22341779
印製排版　辰皓國際出版製作有限公司

總經銷商　旭昇圖書有限公司
地址　235 新北市中和區中山路二段三五二號二樓
電話　02-22451480
傳真　02-22451479
郵政劃撥　戶名：旭昇圖書有限公司（帳號：12935041）
電子信箱　s1686688@ms31.hinet.net

出版日期　西元二〇一三年九月初版第一刷
售價　二〇〇元

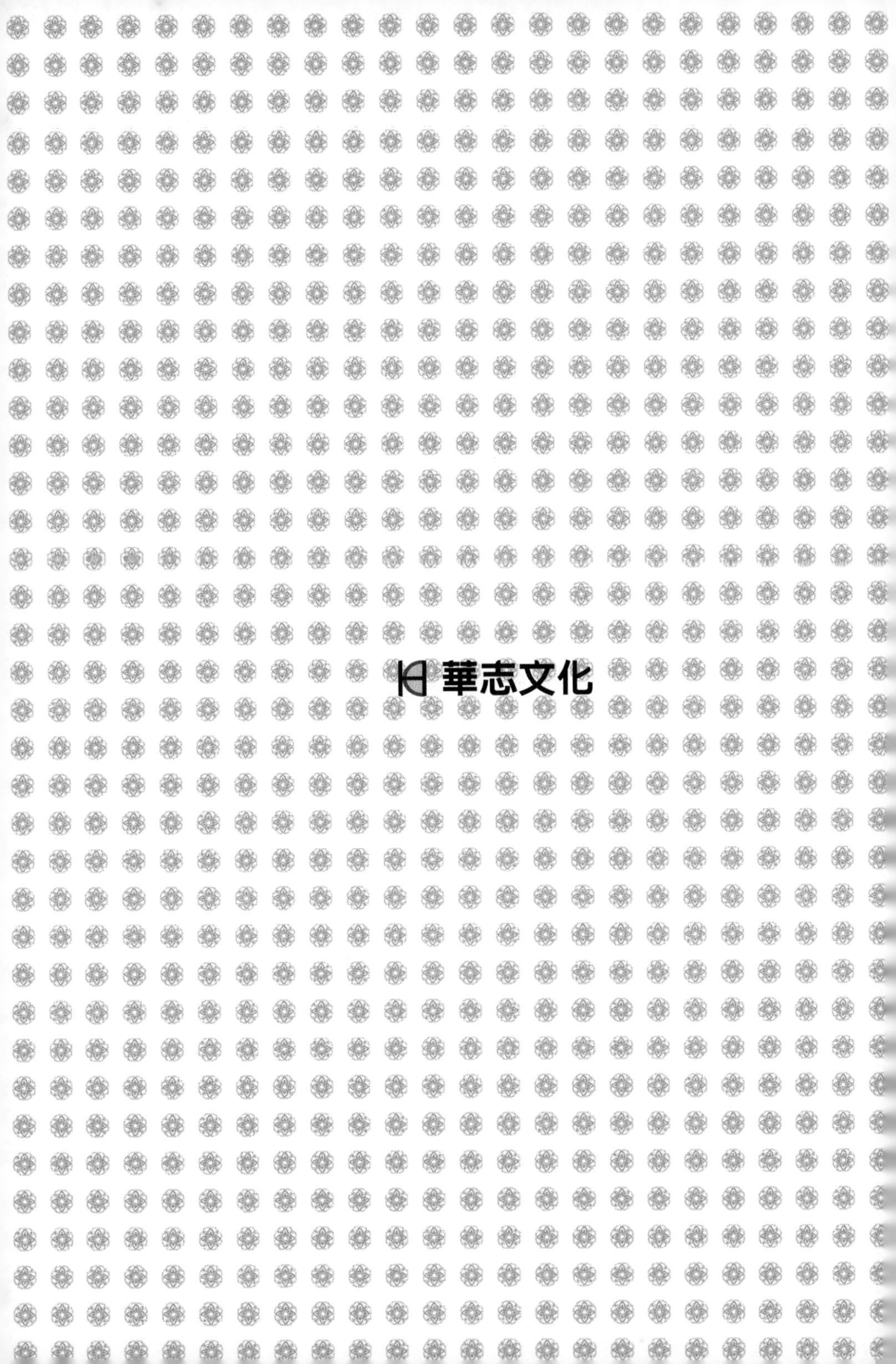
華志文化

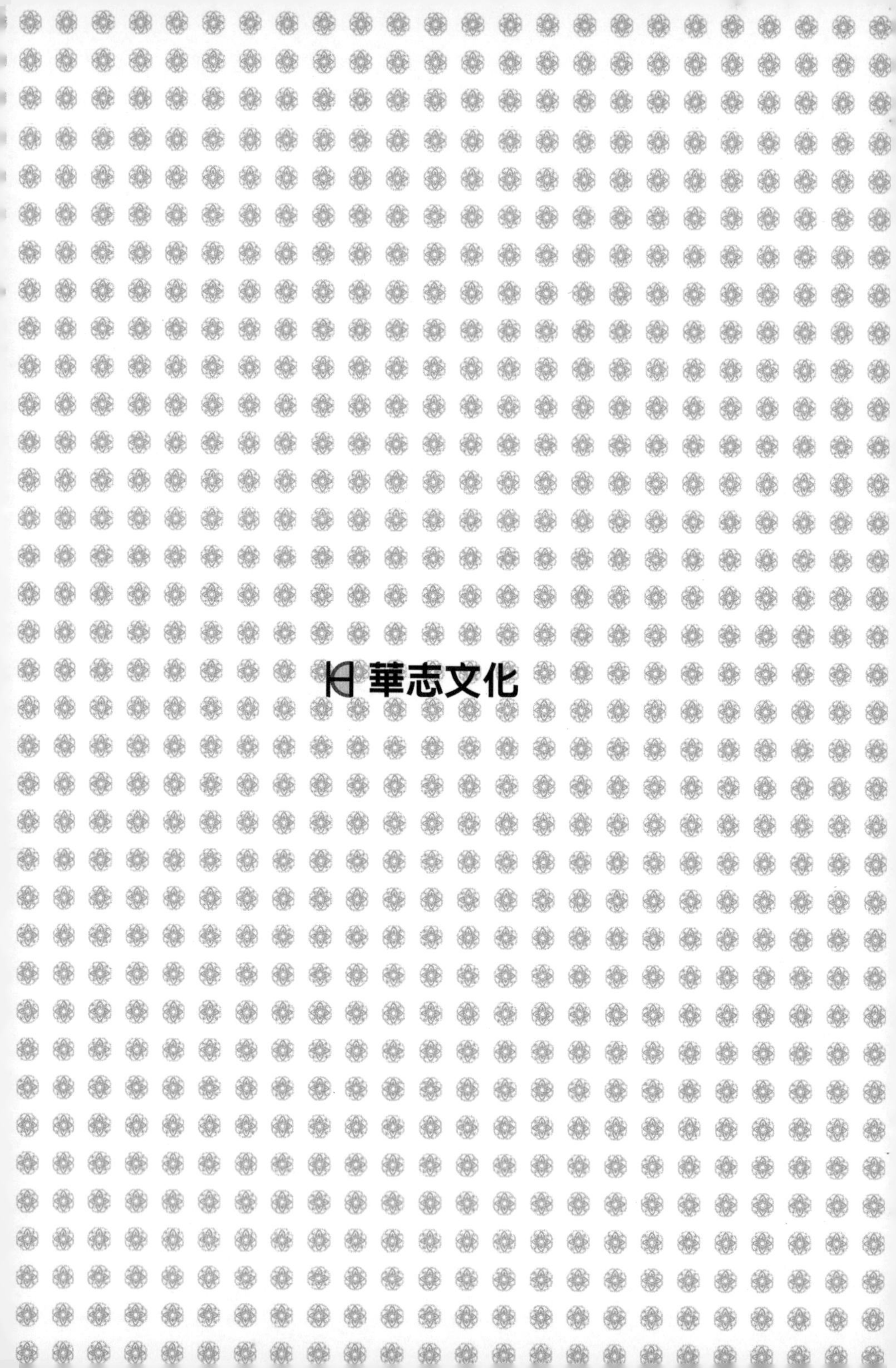
華志文化